복음의 위선자를 깨워라

지은이 김홍만

영성과 학문적 탁월성을 겸비한 저자는 대학에서 무역학을 전공했으며, 총신대 신학대학원을 졸업한 후 도미하여 Alliance Theological Seminary를 졸업(M.P.S)하였고, Reformed Theological Seminary에서 청교도 연구로 철학박사(Ph. D) 학위를 받았다. 현재 국제신학대학원대학교 역사신학 교수로 재직 중이다. 저서로는 『당신의 구원을 점검하라』(지평서원), 『한국 초기 장로교회의 청교도 신학』, 『개혁주의 부흥신학』, 『개혁신앙으로 돌아가라』(이상 옛적길), 『다시 쓰는 야베스의 기도』, 『해설 천로역정』, 『선택받음』, 『개혁주의 주일성수와 십일조』, 『52주 스터디 천로역정』(이상 생명의말씀사), 『복음전도 바로 알기』(청교도신앙사), 『영적 바이러스를 치료하라』(솔로몬) 등이 있다. 그가 추구하는 바는 청교도 신학과 개혁주의 신학의 회복을 통해 조국 교회의 개혁과 부흥을 겸손히 준비하며 바라는 것이다.

복음의 위선자를 깨워라

김홍만 지음

지평서원

contents

들어가는 말 ・6

1장 위선자를 치료해야 할 필요성 ・9

2장 위선자의 특징과 원인 ・17

3장 위선자들의 실제적 유형 ・43

| 4장 | 위선자를 분별하는 참된 그리스도인의 표식 | • 67 |

| 5장 | 은혜의 정도에 따른 참된 그리스도인과 위선자의 차이 | • 107 |

| 6장 | 참된 그리스도인의 견인과 위선자의 타락 | • 113 |

보다 깊은 연구를 위한 도서들 • 139

| 들어가는 말 |

교회 개혁을 위한 첫걸음

김홍만 박사(한국 청교도 연구소 소장)

교회 안에는 언제나 위선자들이 존재한다. 특히 교회가 영적으로 쇠퇴하여 경건의 능력을 잃어버리게 될 때 위선자들은 더욱 증가한다.

이렇게 교회 안의 위선자들이 증가할 수 있는 요인들이 몇 가지 있는데, 그중 가장 큰 원인은 바로 잘못된 신학이다. 왜냐하면 위선자들의 특징 중 하나가 무지와 오류에 빠져서 스스로 의로워지거나, 잘못된 것에 속아 자기 확신이 강해지는 것이기 때문이다.

따라서 교회의 개혁을 이루기 위해서는 이러한 위선자들을 깨우려는 노력이 반드시 필요하다. 그들이 무지와 오류로부터 벗어나 참된 회개를 통해 은혜의 상태에 거하도록 인도하여야 한다.

이것은 오늘날 말하는 교회의 거품을 빼는 작업이기도 하다.

또한 이것은 교인의 수는 많지만 그 가운데 진정한 경건의 능력을 나타내며 그 경건의 덕목과 열매들을 맺는 사람이 과연 얼마나 되는가 하는 질문에 대한 대답과 실천이라 할 수 있다.

그래서 본서에서는 교회의 위선자를 깨우기 위해 위선자들의 특징과 그 실제적 모습을 서술하는 데 주력하였다. 위선자들을 깨우기 위해서는 그들의 특징을 잘 알고 있어야 하기 때문이다.

뿐만 아니라 위선자들을 깨우치기 위한 수단으로서 참된 성도의 은혜의 모습과 특징에 대해서도 서술하였다. 그리하여 위선자들을 진정한 은혜의 모습 가운데 거하도록 훈계하고 경고하며 권고하려는 것이다.

그리고 마지막 장에서는 성도의 견인과 위선자의 최후로서의 타락을 다루었다. 특히 성도의 견인 교리를 남용하여 위선자가 되는 경우가 많기 때문에 이것을 신학적으로 다루어 보았다.

물론 필자는 이러한 신학적 작업을 하기 이전에 이민교회에서 목회하면서 이러한 위선자들로 인한 수많은 교회 분쟁과 교인들의 부도덕함, 신앙고백과 행위의 이율배반성 등을 직접 체험하였다. 따라서 어떻게 하여야 이러한 문제들을 치유하고 바로잡을 수 있을 것인가에 대한 수년 동안의 연구 결과가 여기에 고스란히 담겨 있다. 그러므로 이 책은 철저히 교회의 정황 속에서 기술되었으며, 교회와 목회자를 위한 책이다.

 이 책을 통하여 필자는 청교도들의 교회 개혁 운동이 다시 한 번 한국 교회에 일어나기를 소망한다. 이를 위해서, 의도적으로 이 책의 내용의 대부분을 위선자들을 깨우기 위한 노력이 담긴 청교도들의 작품에서 발췌하였다. 미약하나마 본서를 통하여 한국 교회가 개혁의 방향을 찾을 수 있기를 바란다.

 또한 한국 교회의 개혁과 갱신에 필자와 같은 뜻을 가지고 지원해 주시는 지평서원의 박명규 대표와 항상 기도와 성원해 주시는 브레이너드 선교회와 부산 영은교회의 김영수 목사님과 성도들에게 특별한 감사를 드린다.

1장
위선자를 치료해야 할 필요성

 기독교 서점에 가 보면 수많은 책들이 있다. 그러나 복음의 위선자에 대한 책을 발견하기란 쉽지 않다. 한국 교회의 개혁에 대해 말하는 책들은 수없이 많지만, 복음의 저해 요소이자 교회의 거룩성과 순결성을 위협하는 위선자에 대해서 말하는 책은 거의 없다.

 그러나 교회의 역사를 살펴보면 복음의 위선자에 대해 심각하게 생각하고 그들의 영적 무지를 깨우려고 애쓸 때에 종교 개혁과 영적 대각성이 일어났음을 알 수 있다. 즉, 복음의 위선자를 치료하기 위한 노력들이 진정한 교회 개혁의 첫걸음이 되는 것이다.

 그럼에도 불구하고 오늘날에는 복음의 위선자를 치료하기 위한 연구와 노력이 거의 이루어지지 않고 있다. 따라서 먼저 교회가 복음의 위선자에 대하여 연구하고 그들을 치료해야 할 필요성과 당위성에 대해 살펴보려 한다.

1. 위선자를 깨우려는 노력에서 시작되는 부흥

1) 종교 개혁

종교 개혁의 근원을 살펴보면, 그것이 복음을 타락시킨 위선자들에 대한 도전에서 비롯되었음을 알 수 있다. 즉, 교회의 위선적 지도자들로 인해 어그러진 복음을 믿고 동일한 위선자들이 되어 가는 사람들을 향하여 진정한 구원의 도가 무엇인지를 부르짖는 데서 종교 개혁이 시작된 것이다. 마틴 루터, 존 칼빈, 존 낙스가 바로 이러한 영적인 운동을 일으킨 사람들이다.

이로 인해 많은 영혼들이 영적 무지에서 벗어나 자신의 위선적이고도 거짓된 삶을 회개하고 진정한 복음으로 돌아와 영적으로 각성된 삶을 살 수 있게 되었다. 이러한 의미에서 종교 개혁은 부흥(Revival)이라 할 수 있다.

2) 청교도 운동

영국의 청교도 운동 역시 교회의 위선적인 지도자들과, 그들로 인해 인본주의와 세속주의가 번성하게 되는 것에 대한 저항 운동에서 시작되었다. 위선적인 지도자들로 인해 교회는 위선자들로 차고 넘치게 되었으며, 경건의 모양은 있지만 능력은 없는 교회가 되고 말았다.

청교도 운동은 바로 이것을 바로잡기 위한 경건 회복 운동이다. 따라서 청교도 운동은 기존 교회의 위선자들을 향한 질책에서부터 시작한다. 그들은 자신이 구원받은 백성인 것처럼 살아가지만 그 은혜의 실체가 결여된 자들이었다.

그러하기에 청교도 운동은 곧 구원론을 통한 교회 개혁 운동이다. 따라서 이것을 종교 개혁(reformation), 혹은 부흥이라고 말할 수도 있다.

3) 미국의 영적 대각성과 대부흥

이러한 청교도 신앙이 1620년 이후 아메리카 대륙으로 건너가 뉴잉글랜드 사회를 지배하게 되었다. 그러나 1700년경에 이르러 청교도 신앙이 쇠락하게 되었고, 교회에 위선자들이 번성하게 되었다. 그리하여 경건한 목회자들이 청교도 신학에 근거하여 이러한 위선자들을 책망하는 운동을 일으켰는데, 바로 여기에서 제1차 영적 대각성(1st Great Awakening, 1730-1747)이 시작된 것이다.

미국이 잉글랜드로부터 독립한 이후 서부 개척이 더욱 본격화되면서 사람들이 서부로 계속해서 유입되었다. 그런데 그 지역적 특성상 영적으로 외곽지였던 서부 개척지의 교회들에는 자연적으로 위선자들이 넘치게 되었다.

그러자 경건한 목회자들은 이렇게 위선자들이 넘치는 것을 염려하면서 다시 청교도 신학에 뿌리를 두고 그 위선자들을 책망하고 그들에게 온전히 회심할 것을 외쳤다. 그리고 이들이 위선자를 고치기 위해 노력하는 가운데, 하나님께서 성령을 그들 위에 쏟아 부어 주심으로써 영적 대각성이 일어났다. 이것이 제2차 영적 대각성(2nd Great Awakening, 1790-1810)으로 번지게 된 것이다.

1850년대에는 유럽에서부터 온 이민자들이 미국으로 계속 유입되었으며, 대다수의 사람들이 세상의 부와 돈을 버는 일에 혈안이 되어 있었다. 그리고 이러한 사회적 현상이 교회에 영향을 끼쳐 교회를 위협하게 되었고, 결국 교회가 세속화되면서 역시 위선자들이 넘치게 되었다.

이에 교회에 위선자가 넘치는 것을 염려하는 경건한 신학자와 목회자들은 청교도 신학을 바탕으로 위선자들을 영적으로 깨우고자 노력하였다. 그리고 이러한 영적 운동이 하나님께서 성령을 부어 주심으로 말미암아 대부흥(Great Revival, 1857-1858)으로 발전하게 된다. 이 대부흥은 미국의 주요 도시로 번져 나갔으며, 이로써 미국 교회가 경건의 능력을 회복하게 되었다.

4) 한국의 대부흥

1884년, 한국에 미국의 북장로교가 들어오게 되었는데, 이 교단은 앞서 언급한 청교도 정신, 제1,2차 영적 대각성과 대부흥이라는 배경을 가지고 있었다. 그래서 그들은 한국에서 사역을 시작하면서부터 한국 교회에 위선자가 넘치지 않도록 하는 일에 세심한 주의를 기울였다.

특히 존 네비어스(John Nevius)의 선교 원리의 주된 목표 중 하나가 바로 이것이었다. 북장로교 선교사들은 강력하고도 경건한 능력이 있는 교회를 한국에 설립해서 한국을 복음화하려 했다. 그리고 그렇게 하기 위해서는 위선자가 교회에 넘치는 것을 막아야 한다고 믿었다.

그래서 그들은 위선자들이 생기지 않도록 하기 위해, 복음을 들은 사람들의 회개의 증거를 철저히 살핀 후에 세례를 베풀었으며, 교회의 징계를 엄격히 시행하였다. 물론 이들은 교단의 역사적 배경으로 인해 청교도 신학과 신앙을 견지하고 있었다.

이러한 노력은 1897년부터 그 효과가 나타났고, 부흥의 전조가 보이기 시작하였다. 특히 1905년부터 불안한 정국 가운데 사람들이 교회로 몰려오게 된다. 그리하여 제한된 선교사들의 힘으로는 이들을 지도할 수 없는 지경에 이르게 된다. 그러자 그들은 교회에 위선자가 크게 늘어날 것을 무척 염려하면서 수많은 이들을 회심시킬 수 있는 부흥을 갈망하게 되고, 이를 위해 더욱 기도하였다.

얼마 후 하나님께서는 이들의 기도에 응답하셨다. 이것이 바로 1907년 평양에서 일어나 서울과 전국 각지로 번진 대부흥이다.

✤

이렇게 교회사 속에서 위선자들을 분별하고 그들을 온전히 회심시키려는 경건한 목회자의 노력이 종교 개혁, 청교도 운동, 영적 대각성, 대부흥이라는 열매를 거두게 되었다. 또 이로 인해 교회는 거룩을 회복하고 경건의 능력을 가지게 되었다. 따라서 오늘날 우리가 위선자에 대해서 연구하고 그들을 깨우려고 노력하는 일은 교회 개혁에 있어서 가장 중요한 핵심이며, 반드시 필요한 일이라고 할 수 있다.

2. 위선자로 인하여 비난당하는 교회

오늘날 한국에서 일어나는 어떤 불미스러운 사건에는 그리스도인이라고 하는 사람들이 종종 끼여 있음을 보게 된다. 이 때문에 교회가 비난을 받는다. 뿐만 아니라 때로는 교회가 버젓이 사회로부터 지탄받을 만한 행위들을 하기도 한다.

이러한 현상 속에서 우리는 "과연 그들에게 진정 구원의 은혜가 있으며, 그 구원의 진정성으로 인한 선행(Good Works)이 있는가?"라는 질문을 스스로 던져 보아야 한다.

물론 참된 구원의 백성도 시험에 빠져 죄를 범할 수 있다. 그러나 요한일서 2장 4절 말씀을 상고하면, 그들이 위선자일 가능성이 더욱 크다.

"그를 아노라 하고 그의 계명을 지키지 아니하는 자는 거짓말하는 자요 진리가 그 속에 있지 아니하되."

즉, 위선자로 인해 교회가 사람들의 비난을 받게 되는 경우가 많은 것이다.

한 걸음 더 나아가 교회에 위선자가 넘치게 되면 교회는 계속 사회로부터 비난을 듣게 된다. 교회가 사회에서 빛의 역할을 감당하면서 어둠을 꾸짖고 물러가게 해야 하는데, 오히려 그 반대 현상이 일어나는 것이다.

본래 교회가 세워져 있다는 사실 하나 때문에 사람들이 그 양심 가운데 죄의 질책을 받아야 하지만, 그렇지 못한 것이 오늘날의 현실이다.

바로 지금이 교회에 위선자가 넘치는 것을 막고 경건의 능력을 회복할 때이다. 그래서 위선자에 대하여 깊이 연구하고 적용하는 일이 시급한 것이다.

2장
위선자의 특징과 원인

1. 교회 속에 섞여 있는 위선자

마태복음 25장 2절을 보면 지혜로운 다섯 처녀와 어리석은 다섯 처녀는 분명 함께 있었다. 즉, 참 구원의 은혜를 받은 자와 받지 못한 자가 함께 있다는 것이다.

유다 왕국의 요시야 왕은 히스기야보다 더 철저하게 종교 개혁을 단행하였고, 본인도 모든 율법을 준행하였다(왕하 23:25 참고). 그러나 이러한 개혁의 시기에도 여호와 앞에 돌아오지 않는 패역자들이 있었다(렘 3:10 참고).

이렇듯 위선자들은 진실한 하나님의 성도들 속에 숨어 있다. 위선자들은 은밀하게 숨어서 복음적인 것을 가장한다. 그래서

'위선자'라고 불리는 것이다.

그 실례로, 사도행전 5장 1-11절에 등장하는 아나니아와 삽비라를 살펴보자. 그들은 은혜를 받았다고 가장하면서 자기 소유를 팔아 마련한 재물을 교회에 가지고 온다. 그러나 그 심령이 여전히 욕심에 사로잡혀 있었기에 얼마를 감추어 스스로를 속이고 교회와 하나님을 속였으며, 그로 인해 결국 죽음에 이르게 되었다. 이렇게 위선자들은 교회 속에 있으면서 복음적인 모습으로 가장하고 있다.

물론 위선자들에게도 분명 어느 정도 은혜가 있다. 그러나 그 은혜는 온전치 못하다. 그런데도 분별력이 없는 사람들은 그런 은혜를 가진 사람들의 연극에 속아 넘어갈 수도 있다. 그렇기 때문에 결함이 있는 그 은혜들을 파악하고 알고 있어야 한다.

때때로 위선자들은 복음을 들으면서 영적 체험을 하기도 한다. 그러나 말씀을 받을 때에는 기쁨으로 받으나 정욕에 빠져 결국 은혜에서 떠나고 만다(마 13:20,21 참고). 또 때때로 정죄의 두려움을 느끼기도 하며, 율법으로 인한 저주의 두려움을 자각하기도 한다. 이것은 회개를 위한 성령의 질책하시는 역사와 비슷하기 때문에 복음적으로 보인다. 그러나 그 두려움이 인간적인 방법(오늘날 인본주의적 상담학)에 의해 사라져 버리면 복음을 떠나 쉽게 믿는 풍조로 돌아선다.

위선자들은 기도의 의무를 감당하기도 한다. 그러나 잘못된 소망과 그 은혜의 영속성이 결여되어 기도를 그만둠으로써 결국 믿음 없음을 드러내게 된다. 또한 그들은 어느 정도는 복음적이기 때문에 교회에서 봉사를 하기도 한다. 그러나 만약 그것이 자신에게 많은 손실을 가져다주면 결국 복음을 포기하고 만다.

이러한 위선자들에게도 어떤 종류의 회개가 나타날 수 있다. 예를 들면, 예수님을 판 가룟 유다는 나중에 그것을 후회하였는데(마 27:3 참고), 외적으로는 이것이 회개처럼 보일 수도 있다. 또 많은 사람들이 '주여, 주여' 하면서 은혜로운 고백을 할 수도 있다. 그러나 실상 그것이 진정한 심령의 변화가 없는 고백일 수도 있다.

"그날에 많은 사람이 나더러 이르되 주여 주여 우리가 주의 이름으로 선지자 노릇 하며 주의 이름으로 귀신을 쫓아내며 주의 이름으로 많은 권능을 행하지 아니하였나이까 하리니, 그때에 내가 그들에게 밝히 말하되 내가 너희를 도무지 알지 못하니 불법을 행하는 자들아 내게서 떠나가라 하리라"(마 7:22,23).

바로 왕은 모세와 아론에게 자신이 범죄하였다고 말하면서 '여호와는 의로우시고 나와 나의 백성은 악하도다'라는 매우 복음적인 고백을 하지만(출 9:27 참고), 어려움이 물러가자 다시 범죄하고 만다(출 9:34 참고). 또한 사울 왕은 다윗에게 자신이 잘못했노라고 고백하였음에도 불구하고(삼상 24:17 참고), 다윗을 죽이기 위해 계속해서 추격하였다.

하나님께서 죄인을 구원하실 때, 죄인들은 성령의 은혜로 인하여 죄에 대해 슬퍼하게 된다(Sorrow for sin). 그런데 이러한 은혜에 대해서 곁길로 빠지는 위선자들이 있다.

예를 들면, 이스라엘 백성은 금 송아지를 섬긴 후 모세의 질책을 받고서 매우 슬퍼한다(출 33:4 참고). 그러나 그들은 또다시 반역하고 원망하고 불평한다. 겉으로는 죄를 미워하는 것처럼 보여서 복음적인 것 같지만, 그 심령에는 죄를 미워하고 버리려는 마음이 없는 것이다.

또 예후의 경우, 그는 바알 숭배를 미워하여 바알의 목상을 헐고 바알의 신당을 헐었으나(왕하 10:26,27 참고) 전심으로 율법을 행하지 아니하였으며 죄에서 떠나지도 않았다(왕하 10:31 참고). 그는 전형적인 위선자인 것이다.

때로는 하나님과 예수 그리스도를 열렬히 사랑하는 모습으로 매우 복음적인 것 같지만 사실 빵을 얻기 위해 위선을 떠는 것일 수도 있다.

"예수께서 대답하여 이르시되 내가 진실로 진실로 너희에게 이르노니 너희가 나를 찾는 것은 표적을 본 까닭이 아니요 떡을 먹고 배부른 까닭이로다"(요 6:26).

하나님의 은사를 받은 자로 교회 사역을 감당하고 있지만 위선자인 경우도 있다. 발람은 예언을 하면서 하나님 백성 가운데 있기를 소망했지만, 사실 그의 목적은 삯이었다.

"화 있을진저 이 사람들이여, 가인의 길에 행하였으며 삯을 위하여 발람의 어그러진 길로 몰려 갔으며 고라의 패역을 따라 멸망을 받았도다"(유 1:11).

또한 이스라엘 백성은 날마다 하나님을 찾고 금식하는 복음적인 모습을 보여 주었지만(사 58:2,3 참고), 그들은 쾌락을 추구하고 자신의 이익을 위해 다투는 자들이기도 했다.

때로는 하나님에 대한 뜨거운 열심이 있지만, 사실 그 모두가 하나님을 위한 것이 아니라 자신을 위한 것인 위선자도 있다.

"내가 증언하노니 그들이 하나님께 열심이 있으나 올바른 지식을 따른 것이 아니니라"(롬 10:2).

이렇게 위선자들은 어느 정도 복음적인 모습으로 자신을 숨기면서 교회 가운데 섞여 있다.

2. 위선자들의 특징

위선자들은 복음의 빛 아래에 살면서 자기 자신을 속이고 있기 때문에 자기가 위선자라는 생각을 전혀 하지 않는다. 그러므로 위선자에 대한 하나님의 말씀은 우리 스스로를 돌아보게 만든다.

"너희는 믿음 안에 있는가 너희 자신을 시험하고 너희 자신을 확증하라. 예수 그리스도께서 너희 안에 계신 줄을 너희가 스스로 알지 못하느냐 그렇지 않으면 너희는 버림받은 자니라"(고후 13:5).

따라서 다음과 같은 위선자의 특징을 살펴보면서 먼저 자기 자신을 돌아보고, 교회의 사역자인 경우에는 회중을 살펴보아야 할 것이다.

첫 번째로, 그들 스스로 믿는다고는 하지만 그 믿음이 어떤 것인지를 잘 인식하지 못하는 경우에 위선자일 수 있다. 예를 들어, 하나님의 유업에 대한 약속을 잘못 적용하여 자기 자신이 만든 믿음을 의지하는 경우가 있다.

기복 신앙의 형태인 번영과 성공을 마치 복음처럼 인식해 그것을 의지하는 사람은 자연적으로 위선자가 될 수밖에 없다. 왜냐하면 그는 믿음의 객체(object of faith)를 오해하고 있으므로 회개하거나 경건해질 수 없기 때문이다. 또한 그가 믿는 것을 이루기 위한 종교적 행위에만 열심을 내기에 하나님의 의와 관계가 없고 지식도 없는 헛된 열심으로 스스로를 더욱 무지하게 만들면서도, 정작 본인은 믿음이 좋은 줄로 착각하기 때문이다.

두 번째로, 믿음에 있어서 반드시 필요한 지식이 피상적이거나, 단지 어떤 의견적인 지식만을 가지고 있는 경우에도 위선자가 될 수 있다.

예를 들어, 율법을 가지고 있는 것만으로도 율법에 대한 지식이 있는 것처럼 착각하여 선생 되기를 즐겨 하는 경우도 있고(롬 2:18-20 참고), 성경의 진리의 경험이나 적용이 전혀 없이 단지 성경의 자료적 지식만을 가지고 있으면서도 본인에게 믿음이 있는 것으로 착각할 수도 있다.

이러한 자들은 누가복음 10장 25절에 나오는 율법사와 같이, 그 지식으로 자기 자신을 옳게 보이려고 애쓰거나 자기의 지식을 자랑하고 나타내려 애쓴다. 그러나 사실 그들에게는 진리의 행함이 전혀 없다.

세 번째로, 믿음의 객체인 그리스도를 알고는 있지만 본인의 심령이 잘못되어 위선자가 되는 경우가 있다. 즉, 복음의 씨는 뿌려졌지만, 그 토양이 나빠서 싹이 자라나지 못하는 경우이다. 이렇게 되는 이유는 그 심령이 육신적이어서 그리스도로 만족하지 못하고 자신의 정욕을 이루려 하기 때문이다.

그들은 양심과 죄의 질책을 받아 그리스도의 빛을 보고 예수에게로 가까이 오는 척하지만, 그들의 심령 깊은 곳에서는 정욕을 버리지 않았기 때문에 세상과 교회를 왔다 갔다 할 뿐이다. 이러한 사람은 심령 속에 쓴 뿌리를 가지고 있다.

때때로 이러한 위선자는 자신이 그리스도를 안다고 주장하기도 한다.

"그때에 너희가 말하되 우리는 주 앞에서 먹고 마셨으며 주는 또한 우리를 길거리에서 가르치셨나이다 하나, 그가 너희에게 말하여 이르되 나는 너희가 어디에서 왔는지 알지 못하노라. 행악하는 모든 자들아 나를 떠나가라 하리라"(눅 13:26,27).

또 어떤 이는 세상의 더러움을 피한 후에 다시 그 세상의 더러움의 올가미에 더욱 심각하게 **빠져** 스스로를 위선자로 만들기도 한다.

"그들에게 자유를 준다 하여도 자신들은 멸망의 종들이니 누구든지 진 자는 이긴 자의 종이 됨이라. 만일 그들이 우리 주 되신 구주 예수 그리스도를 앎으로 세상의 더러움을 피한 후에 다시 그중에 얽매이고 지면 그 나중 형편이 처음보다 더 심하리니"(벧후 2:19,20).

네 번째로, 온전한 구원의 믿음에 이르지 못했는데도 스스로 믿음이 있다고 생각하면서 자신의 외적인 종교적 행위를 구원의 근거로 삼는 사람들도 심각한 위선자가 될 수 있다.

알미니안신학은 이러한 위선자를 만들 가능성이 매우 크다. 알미니안주의자들은 인간 스스로가 가진 구원의 능력을 높이 평가한다. 그래서 외적으로 도덕적, 종교적 행위에 열심을 다함으로써 진정 구원의 믿음(saving faith)이 있는 것처럼 보이려고 노력한다. 그러나 그것은 위선에 불과하며, 오히려 구원의 믿음에 이르지 못했다는 증거이다.

구원의 믿음은 우리가 자신을 절대 구원할 수 없음을 철저히 자각하고 체험한 후, 하나님이 마련하신 구원의 수단인 예수 그리스도가 가장 소중하고도 귀함을 알아 그분을 붙잡는 것이다. 그리고 구원받은 후에도 한순간도 우리의 능력을 자랑하거나 교만해지지 않고 끝까지 오직 주를 붙잡는 것이 진정한 구원의 믿음이다.

그러므로 진정한 삶의 개혁과 변화 없이 외적인 도덕적 행위에 근거해서 자기 자신의 구원을 확신하는 사람은 당연히 위선자가 될 수밖에 없다.

다섯 번째로, 복음을 남용하는 위선자들이 있다. 그들은 복음을 방탕한 것으로 바꾸고(유 1:4 참고), '죄는 얼마든지 용서받을 수 있는 것이기 때문에 죄를 짓고 또 지어도 괜찮다'고 말한다.

"그런즉 우리가 무슨 말을 하리요. 은혜를 더하게 하려고 죄에 거하겠느냐"(롬 6:1).

이런 사람들은 하나님께서 은혜를 주신 이유와 목적을 전혀 모르는 위선자들이다.

하나님께서 우리에게 은혜를 주시는 이유는 우리로 죄와 싸워서 이기도록 하기 위함이지, 죄에게 져도 괜찮다는 허가증을 주고자 하는 것이 아니다. 즉, 의롭다 여김을 받아서 천국행 티켓을 받았으니 다 되었다는 태도는 분명 잘못된 것이다.

히브리서 12장 14절은 "아무도 거룩함이 없이는 주를 보지 못할 것이다"라고 말한다. 우리는 의롭다함을 받은 이후에 베드로전서 1장 15절 말씀과 같이 "오직 너희를 부르신 거룩한 이처럼 너희도 모든 행실에 거룩한 자가 되라"라는 명령을 따라 거룩을 추구해야 한다.

이렇게 우리가 성화의 책임을 다할 때에 우리가 진정으로 의롭다 여김을 받은 것이 증거될 것이다. 이러한 원리 때문에 주님께서도 "그 열매로 나무를 아느니라"(마 12:33)라고 말씀하셨다. 따라서 복음을 남용하는 자는 스스로 위선자임을 나타내는 사람이며, 결국 하나님의 심판의 대상이 될 것이다.

여섯 번째로, 영적으로 게으른 자들도 위선자가 된다. 게으른 사람들은 영적으로 매우 부주의(careless)하다. 따라서 그들은 하나님의 구원이 얼마나 크고도 소중한지를 깨닫지 못하고, 남들에게 다 주는 구원을 나에게도 준 것 정도로 소홀히 여긴다.

"우리가 이같이 큰 구원을 등한히 여기면 어찌 그 보응을 피하리요. 이 구원은 처음에 주로 말씀하신 바요 들은 자들이 우리에게 확증한 바니"(히 2:3).

따라서 그 구원에 경건의 목록들을 더하지 못하고 결국 눈먼

자로 전락하며 그의 옛 죄가 깨끗하게 된 것을 잊어버리고 만다(벧후 1:5-9 참고). 그러다가 시험을 받으면 '마음이 미혹되어'(히 3:10) 결국 실족하는 것이다(벧후 1:10 참고).

그들은 넘어진 후에 더욱 죄의 유혹을 받아 죄짓는 것에 담대해지고(히 3:14 참고), 죄와 피 흘려 싸울 생각을 전혀 하지 않으며(히 12:4 참고), 하나님의 기업의 부르심에 대한 소망을 아예 까맣게 잊어버리고 만다. 이러한 위선자들은 은밀하게 숨어 있다가 교회가 환난을 당할 때에 더욱 분명히 나타난다.

일곱 번째로, 위선자들의 특징 중 하나는 자기를 사랑한다는 것이다. 신앙생활을 하는 목적이 바로 자기에게 있는 것이다. 이러한 위선자들은 자기애 때문에 스스로를 속인다.

예수님을 십자가에 못 박은 종교 지도자들은 한결같이 자신의 기득권이 상실되는 것을 원하지 않았다. 그들의 종교적 행위는 그들에게 부와 명예를 동시에 가져다주었다. 그들의 종교 행위의 목적은 자기 실현이었다. 그래서 그 기득권을 지키기 위해 철저히 정치적으로 되는 것이 그들에게는 당연한 일이었다. 이렇게 종교 생활의 목적이 자기 실현이라면, 그것은 이미 위선자가 되었다는 증거이다.

또한 위선자들은 자신을 사랑하는 것 때문에 하나님의 말씀을 이야깃거리로 바꾸기도 한다. 특히 이러한 자기애는 영적으로

눈멀게 만든다. 라오디게아교회가 바로 그러했다. 그들은 '부자다, 부족한 것이 없다'고 하며 만족하고, 스스로를 너무 사랑하여 곤고한 것과 가련한 것과 가난한 것과 눈먼 것과 벌거벗은 것을 알지 못했다(계 3:17 참고).

조나단 에드워즈(Jonathan Edwards)는 참된 회심의 증거 가운데 하나가 자기 사랑과 자기 이익에 대해서 더 이상 관심이 없어지는 것(disinterest self-benevolence)이라고 말하였다.

따라서 스스로를 회심한 자라고 생각하면서도 여전히 자기의 이익 추구에만 관심을 가진다면, 그는 위선자이다.

여덟 번째로, 위선자들은 하나님에 대해 잘못 이해하고 있다. 그들이 항상 사용하는 성구 중 하나가 "하나님은 사랑이심이라"(요일 4:8)라는 말씀이다. 위선자들은 이 말씀을 남용하여 하나님의 공의를 무시하려 한다.

위선자들은 자신이 조금 잘못을 저지르거나 죄를 지어도 하나님은 자비로우시며 노하기를 더디 하시기에 괜찮다고 말하면서 스스로를 위로하고 잘못된 소망을 가진다. 즉, 그들은 회개 없는 용서를 주장하는 것이다.

이와는 대조적으로 사도 바울이 죄와 싸우면서 번뇌하고 자신의 죄성을 한탄했던 다음의 고백은 위선자들을 한마디로 무색하게 만든다.

"오호라 나는 곤고한 사람이로다. 이 사망의 몸에서 누가 나를 건져내랴"(롬 7:24).

위선자들은 하나님의 말씀을 자기 필요에 따라 오용하면서 자신의 죄 된 행위와 습성을 합리화한다. 그리하여 결국 자신의 편리에 따라 성경에 있는 하나님보다 더욱 자비로운 하나님을 만들어서 거짓 소망을 갖기에 이른다.

오늘날의 복음주의자 중 한 사람인 클라크 피녹(Clark Pinnock)은, 하나님은 사랑이시며 죄인들이 멸망당하는 것을 원치 않으시므로 죽음 이후에도 회심이 가능하다고까지 말한다. 이 말은 지옥이 없다는 소리와도 같다.

조나단 에드워즈가 제1차 영적 대각성 당시(1741년 7월 8일)에 했던 '진노의 손아래에 있는 죄인들(신 32:35)'이라는 설교가 바로 이러한 거짓된 자기 확신에 빠진 위선사들을 책망하며 회개하라고 외친 설교이다. 이때 그는 하나님의 인내를 시험하면서 계속해서 죄를 짓는 자들을 꾸짖었다.

아홉 번째로, 위선자들은 자기 주장을 내세우는 특징이 있다. 마태복음 7장 22절은 "그날에 많은 사람이 나더러 이르되 주여 주여 우리가 주의 이름으로 선지자 노릇 하며 주의 이름으로 귀신을 쫓아내며 주의 이름으로 많은 권능을 행하지 아니하였나이까 하리니"라고 말한다. 위선자들이 지금까지 자신들이 주를 위해 봉사한 것을 근거로 자신들의 구원의 합당성을 주장한다는 것이다.

마태복음 25장 44절에도 이와 유사한 말씀이 등장한다.

"주여 우리가 어느 때에 주께서 주리신 것이나 목마르신 것이나 나그네 되신 것이나 헐벗으신 것이나 병드신 것이나 옥에 갇히신 것을 보고 공양하지 아니하더이까?"

심판의 대상인 염소 계열 사람들이 주님을 돌아보고 공양했는데 무슨 소리냐고 따지는 것이다. 그러나 이것은 오히려 염소에 해당하는 사람들의 교만하고도 자신만만한 모습을 보여 줄 뿐이다. 그들의 모습은 주님이 주신 은혜에 전혀 걸맞지 않다.

이와 같이 위선자들은 자기의 정당성을 주장하고 굽힐 줄 모르는 교만함으로 인해 주께서 주신 은혜를 결국 헛되게 만드는 자들이다(고후 6:1, 약 4:6 참고).

사도 바울은 고린도전서 15장 10절에서 "그러나 내가 나 된 것은 하나님의 하나님의 은혜로 된 것이니 내게 주신 그의 은혜가 헛되지 아니하여 내가 모든 사도보다 더 많이 수고하였으나 내가 한 것이 아니요 오직 나와 함께하신 하나님의 은혜로라"라고 고백한다.

사도 바울은 다른 사도보다 더욱 수고하였으나 자신의 능력이 아니라 그 모든 공로를 하나님의 은혜로 돌리고 있는 것이다. 바로 이것이 진정한 은혜이다.

열 번째로, 위선자들은 수다스럽다. 그들의 수다스러움은 자신을 속이기 위한 것이다. 피상적인 지식과 피상적인 영적 체험을 숨기고 위장하기 위해서 수다스러운 것이다.

요한복음 4장에서 사마리아 여인은 그 얄팍한 지식으로 예수님 앞에서 매우 수다스럽게 떠들어 댔다. 그녀는 야곱에 대하여 이야기했고(11, 12절 참고), 예배 처소에 대해서 신학적으로 말하기도 했다(20절 참고). 그러나 그것은 자신의 부도덕한 모습을 감추기 위한 수단이었다.

이에 예수님께서는 그 여인에게 가서 남편을 데려오라고 말씀하신다. 그녀로 하여금 자신의 죄를 깨닫고 회개하도록 하시려는 예수님의 조치였다.

조나단 에드워즈는 위선자의 특징으로 수다스러움을 말하면서 시편 36편 2절 말씀을 인용한다.

"그가 스스로 자랑하기를 자기의 죄악은 드러나지 아니하고 미워함을 받지도 아니하리라 함이로다."

열한 번째로, 위선자들은 종교적 의무는 열심히 수행하지만, 자신들의 심령을 살피는 데(searching heart)는 주의를 기울이지 않는다. 그들은 입으로는 "하나님 사랑합니다. 존경합니다"라고 하지만, 마음으로는 하나님에게서 떠나 있으며(사 29:13 참고), 그 외적 행위를 근거로 스스로에게 매우 너그럽다.

그들은 죄악 가운데 있으면서도 전혀 양심의 가책이 없고, 그저 그것을 당연하게 여길 뿐이다. 하나님의 채찍을 맞으면서도 자신의 심령이 강퍅하거나 죽어 있거나 불신앙으로 가득 차 있는 것에 대해 전혀 개의치 않을 정도로 그 심령이 매우 **뻔뻔하다**. 그리고 오히려 자신의 의로움을 더욱 드러내기 위해 집집마다 돌아다니면서 거짓말을 하고 허풍을 떤다.

"또 그들은 게으름을 익혀 집집으로 돌아다니고 게으를 뿐 아니라 쓸데없는 말을 하며 일을 만들며 마땅히 아니할 말을 하나니"(딤전 5:13).

이런 사람들 중에는 '이미 사탄에게로 돌아간 자들도 있다'(딤전 5:15).

이러한 사람으로 인해 교회는 시험을 만나게 되거나 어지럽혀질 수 있으므로 각별히 주의해야 한다.

이상의 열한 가지 특징들로 인해서 위선자들은 외적으로 자신들이 더욱 진실한 그리스도인인 척한다. 그러나 그들이 진실한 그리스도인과 외적으로는 어느 정도 비슷하게 보일지도 모르지만, 위선자는 그 실체가 없으며(딛 1:16 참고), 경건의 모양은 가지고 있을지라도 그 능력은 없는 사람이다.

3. 위선자가 되는 원인들

그렇다면 어떤 이유와 경로를 통하여 위선자가 되는지를 살펴보자.

첫째로, 위선자가 되는 가장 근본적인 원인은 구원의 은혜를 깨닫는 데에 있어서의 부족함이다.

마태복음 25장에는 어리석은 다섯 처녀와 지혜로운 다섯 처녀가 등장한다. 그런데 이때 위선자에 해당하는 어리석은 다섯 처녀들은 하나님의 계시의 빛을 잘 이해하지 못하여 그리스도에 대한 준비를 하지 못했다. 그들의 심령이 하나님의 신적 빛에 전혀 감동 감화되지 않았던 것이다.

그들은 영적 눈이 뜨이지 않았고, 거듭나지 않은 상태의 자연인(natural men)으로서 판단하고 살아가며, 자료적인 성경 지식을 가지고 있을 뿐이다. 그래서 그들은 지식을 믿음으로 착각하고 지식이 많을수록 믿음이 좋은 것으로 생각하여 스스로를 속이게 된다.

그러나 사실 그들의 심령은 변화가 없는 딱딱한 심령이며, 그들의 종교적 행위는 환경에 의한, 혹은 믿음이 있다는 것을 보이기 위한 습관적인 것에 불과하다.

둘째로, 성령의 역사인 죄의 질책(conviction of sin)을 회피함으로써 위선자가 된다.

하나님께서 죄인에게 은혜를 베푸시는 통상적인 방법은, 죄인으로 하여금 성령의 역사를 통하여 죄의 질책을 받게 하시는 것이다.

"그가 와서 죄에 대하여, 의에 대하여, 심판에 대하여 세상을 책망하시리라"(요 16:8).

죄의 질책을 받은 죄인은 자신이 심각한 죄인이라는 사실과 하나님의 진노의 대상이라는 사실을 알고 철저히 낮아지며, 또 스스로 자신을 구원할 수 없음을 깨닫게 된다. 그래서 하나님으로부터 용서를 구하기 위해 울부짖기도 한다. 그러다가 결국 죄인을 위해 하나님께서 마련하신 용서의 길인 예수 그리스도를 발견하고, 그 앞으로 달려 나와 회개하고 믿음으로 그리스도를 꼭 붙잡게 된다.

이와 같이 죄인을 구원하기 위해 통상적으로 하나님께서 사용하시는 구원의 중요한 방편이 바로 죄의 질책이다. 그런데 죄의 질책을 받다가 그 죄의 질책이 부담스러워 그것을 피해 나갈 때 위선자로 빠지는 것이다.

이러한 위선자들은 죄의 질책을 온전히 받지 않았으므로 온전한 회개를 이루지 못한다. 그들이 비록 자신과 다른 사람을 속여 다른 사람의 눈에 그리스도인으로 비춰질 수 있다 하더라도, 심령의 변화를 전혀 이루지 못했기 때문에 그들에게는 열매가 있을 수 없다.

이러한 위선자들은 죄의 질책을 온전히 받지 않고 피하였기 때문에 죄와 세상에 마음을 두고 있다. 그러면서 때로는 입술의 죄 고백을 근거로 하여 회개한 척하면서 은밀하게 죄를 즐기기도 한다.

이러한 위선자들은 죄의 질책을 여러 가지 방법으로 피해 나간다. 그들은 죄의 질책을 인간적 방법으로 달래면서 피하기도 하고, 다른 선행을 함으로써 죄의 질책으로 인해 괴로워하는 양심을 달래거나 자신의 죄 된 것을 상쇄하려고 한다.

따라서 이들은 죄의 고백으로 인해 회개한 것처럼 보이기도 하고 선행으로 인해 삶이 개혁된 것처럼 보이기도 하지만, 실상 그들에게서 회심의 진정한 증거인 죄를 미워하거나(hatred of sin) 죄와 싸우는 모습(fight with sin)을 찾아보기는 힘들다.

또한 이러한 위선자들은 죄의 질책을 피하면서 양심을 무디게 함으로써 더 이상 가책을 받지 않는 양심이 되어 파선(破船)으로 내몰리기도 한다.

"믿음과 착한 양심을 가지라. 어떤 이들은 이 양심을 버렸고 그 믿음에 관하여는 파선하였느니라"(딤전 1:19).

셋째로, 잘못되고 굽어진 심령으로 인해 위선자가 된다. 즉, 처음부터 그 신앙의 동기가 순수하지 못한 것이다. 이러한 위선자가 행하는 종교적 의무는 그리스도를 위한 것이 아니라 물질을 얻거나 명예를 얻기 위한 것이다. 그래서 그들의 심령은 매우 교만하며 헛된 영광을 추구한다.

열왕기하 10장 16절에서는 예후의 열심에 대해 다음과 같이 말한다.

"여호와를 위한 나의 열심을 보라."

아합에게 속한 자를 진멸시키는 예후의 열심은 대단했다. 그러나 열왕기하 10장 29절에서는 예후가 금 송아지를 섬기는 죄에서 떠나지 않았다고 말한다. 그의 열심은 단지 헛된 영광을 추구하는 위선에 불과하였던 것이다.

이렇게 위선자들은 종교적 행위를 통해 사람들 앞에서 하나님을 사랑하는 것처럼 보인 후에 자신의 이익을 챙긴다. 그들의 심령은 탐욕으로 가득 차 있다.

이러한 그들의 위선적이고도 가증한 모습을 호세아 7장 14절에서는 다음과 같이 말한다.

"성심으로 나를 부르지 아니하였으며 오직 침상에서 슬피 부르짖으며 곡식과 새 포도주로 말미암아 모이며 나를 거역하는도다."

넷째로, 악한 심령을 숨기기 위해 위선자가 된다. 즉, 악한 심령을 숨기기 위해 열심이 있고 거룩한 척한다.

헤롯 왕은 악한 심령을 숨기기 위해 거룩한 행위로 위장하는 위선자의 대표적 인물이다. 마태복음 2장 7,8절에서 헤롯 왕은 동방 박사들에게 그리스도를 찾거든 알려 달라고 부탁하면서 "나도 가서 그에게 경배하게 하라"라고 부탁의 이유를 덧붙인다. 그러나 그의 속마음은 예수를 죽이려는 것이었다.

에스라 4장에서도 성전 건축을 방해하려는 악한 마음을 감추고 성전 건축을 돕겠다고 찾아오는 무리들이 등장한다. 그러나 스룹바벨과 예수아와 그 족장들은 그들의 위선을 알아차리고는 그들을 거부하였다.

이렇게 위선자들은 그들의 악한 도모를 이루기 위해 철저히 종교적으로 가장하기도 한다.

다섯째로, 다른 사람과 비교하여 남을 무시하고 스스로 의로워짐으로써 위선자가 된다.

누가복음 18장 9절에서 예수님은 위선자의 모습을 "자기를 의롭다고 믿고 다른 사람을 멸시하는 자들"이라고 지적하신다. 이러한 사람들의 특징을 설명하기 위해 예수님께서는 바리새인의 비유를 들어 말씀하신다. 그 비유 속에서 바리새인은 세리와 자신을 비교하면서 자신의 의로움을 과시한다. 자신의 종교적 행위를 하나하나 다 기억하면서 세리와 비교하여 자랑하는 것이다 (9-12절 참고).

이와 같이 위선자들은 그들의 교만한 마음 때문에 자신들의 부족한 면은 전혀 보지 않고 자신들을 높이는 데만 급급하다. 그래서 그들은 스스로를 속이면서도 그것을 모르는 무감각한 상태에 빠지게 될 뿐만 아니라, 교회에서 안하무인격으로 교만의 선봉장이 된다.

4. 위선자들에 대한 경고와 치료

성경이 위선자들에 대하여 가르치는 이유는 교회에 불경스러운 자들과 위선자들이 가득하게 되어 영적 능력을 잃어버리지 않도록 교회를 보호하며, 그 위선자들을 회개시키려는 것이다.

"너희 중에 심지어 음행이 있다 함을 들으니 그런 음행은 이방인 중에서도 없는 것이라. 누가 그 아버지의 아내를 취하였다 하는도다"(고전 5:1,2).

그것은 단지 '어떤 종류의 사람들이 위선자이다'라고 결론을 내리기 위한 것만도 아니며, 이 가르침을 통해 '나는 위선자가 아니니까 괜찮다'는 결론을 얻기 위함도 아니다.

"그런즉 선 줄로 생각하는 자는 넘어질까 조심하라"(고전 10:12).

성경에서 위선자에 대해 가르치는 것은, 스스로를 속여서 위선자가 되는 것을 막기 위한 경고요, 또 스스로를 점검하도록 하

기 위함이다

"너희는 믿음 안에 있는가 너희 자신을 시험하고 너희 자신을 확증하라. 예수 그리스도께서 너희 안에 계신 줄을 너희가 스스로 알지 못하느냐. 그렇지 않으면 너희는 버림받은 자니라"(고후 13:5).

즉, 자신을 점검(self-examination)하는 가운데 거듭나지 않은 위선자들이 그 무지를 걷어 내고 성령의 질책을 온전히 받아들여 회개함으로써 참 성도가 되게 하려는 것이다.

특히 교회의 사역자는 먼저 이러한 가르침을 통해서 교회에 위선자가 넘치지 않도록 주의해야 하며, 성도들이 위선자가 되지 않도록 돌보아야 할 것이다. 또한 위선자의 모습을 하고 있는 사람들에게는 경고하고 질책하여 그들이 온전히 회개하도록 인도해야 할 것이다.

따라서 자기 점검을 위해서나 목양적인 이유에서나 위선자를 치유하기 위해서는 실제적으로 다음과 같은 수단들이 필요하다.

첫째로, 가장 중요한 것은 위선자들의 영적 무지를 걷어 내는 일이다. 위선이 무지에서 시작되기 때문이다. 따라서 먼저 하나님의 말씀을 사랑하고 부지런히 읽어야 한다. 그리하여 성령의 조명 아래 구원에 이르는 지혜를 얻어야 한다(딤후 3:15 참고).

자신이 착각하고 있는 것들을 떨어 내고, 나의 구원의 근거를 잘못된 것에 두고 있지는 않은지 점검해 보아야 한다. 예를 들어,

초자연적인 꿈이나 환상, 어떤 감각적 체험 등에 구원의 근거를 두고 있는지, 아니면 하나님의 말씀에 근거를 두고 있는지를 점검해야 한다.

둘째로, 말씀을 읽되 기도하면서 읽어야 한다. 이는 성령으로 하여금 죄와 의와 심판에 대하여 책망하시게 하기 위함이다(요 16:8 참고).

청교도 선교사인 존 엘리엇(John Eliot)이 그의 사역 대상이었던 아메리칸 인디언들에게 설교하면서 죄에 대하여 질책하기 시작했다. 그러자 아메리칸 인디언들은 울면서 죄를 고백하였다. 그리고 엘리엇은 그들에게 집으로 돌아가 더욱 성경을 읽고 기도하라고 했다. 죄의 질책이 더 깊어져야 할 필요성을 인식하고 그들에게 그렇게 권면한 것이다.

그러므로 죄의 질책을 온전히 받을 뿐만 아니라 그 질책이 더욱 심화되어 자신이 얼마나 무가치한 죄인인지를 깨닫고 죄를 용서받기 위한 방편으로서의 예수 그리스도를 발견하게 되기까지 기도와 말씀을 쉬지 않아야 한다.

기도와 말씀을 통해 결국 죄의 질책의 정점인 죄인의 기도(prayer of sinner)를 하기에 이르러 "어떻게 하여야 구원을 얻으리이까"(행 2:37 참고)라고 고백하며 하나님을 향하여 용서를 구하고, 영적으로 낮아진 겸손의 상태(humiliation)가 되어야 한다.

그렇게 될 때 그 죄인은 하나님이 마련하신 용서의 방편인 예수 그리스도를 발견하고, 그리스도에게로 나아가 회개하고 믿음으로 그리스도를 붙잡게 될 것이다. 결국 이러한 은혜의 방편(method of grace)을 통해서 위선자가 되는 요소들이 제거되는 것이다.

셋째로, 자신을 속이는 것으로부터 자유로울 수 있는 진정한 고백이 무엇인지를 생각해야 한다. 쉽게, 헛되게, 분위기에 휩싸여, 혹은 사람을 의식하여 하는 고백들은 자기 자신을 속이는 위험한 것이다.

예수님께서는 자신을 따르는 무리에게 과연 모든 것을 포기하고 예수님을 따라올 수 있는지를 점검하라고 말씀하셨다(막 8:34,35 참고). 그리고 예수님을 끝까지 따라갈 자신이 없거나 중간에 포기할 것 같으면 아예 처음부터 시작하지도 말라고 말씀하셨다(눅 14:25-35 참고). 예수님은 그 고백의 신중성을 요구하시는 것이다.

이러한 고백의 신중성이라는 측면에서 볼 때, 오늘날 펠라기우스적(Pelagianism)인 신학적 근거로 행해지고 있는 바, 사람들을 제단 앞으로 불러내거나 어떤 일시적인 결정을 한 사람들을 일어서게 한 후 즉석에서 구원을 선포하는 일은 바로 이러한 위선자들을 만들어 내는 지극히 위험한 일이다.

성경적인 고백들은 하나님의 말씀과 그 가르침(교리)에 대한 충분한 지식(딛 1:1 참고), 그리고 그 진리의 경험을 토대로(요일 1:1,2 참고) 한 순종과 헌신을 포함하고 있어야 한다(수 24:14-25 참고).

3장
위선자들의 실제적 유형

청교도 신학자인 존 번연(John Bunyan)의 『천로역정』(*Pilgrim's Progress*)에는 1장에서 말한 위선자들의 모습이 더욱 실제적으로 묘사되어 있다. 왜냐하면 존 번연의 이 작품은 청교도 운동 중에 나온 것이기 때문이다. 청교도 운동이 영국국교회의 위선적인 지도자들과 교인들에 대한 교회 개혁 운동이었기 때문에, 존 번연의 『천로역정』에는 위선자들의 여러 유형과 영적 특징이 매우 자세하고도 실제적으로 그려져 있는 것이다. 그러므로 이 장에서는 『천로역정』 1부에 등장하는 위선자적인 인물들의 특성을 살펴보려 한다.

『천로역정』 1부의 주인공은 '크리스찬'이다. 그는 하나님의 말씀을 읽다가 자신이 무거운 죄 짐을 지고 있다는 것과 자신이 살고 있는 도성이 멸망당할 것이라는 사실을 깨달았다. 그래서 어찌할 바 모르던 그는 전도자의 도움을 받아 좁은 문으로 향하게 되고, 멀리 보이는 천성으로 가는 순례의 길을 떠나게 된다. 이 순례의 길에서 그는 여러 위선자들을 만나 시험을 받는데, 묘사된 인물들은 각각 다음과 같은 특징을 가지고 있다.[1]

1. 변덕쟁이(Pliable)

변덕쟁이는, 가족까지도 버려두고 순례의 길을 떠나려는 크리스찬을 말리기 위해 고집쟁이와 함께 그를 뒤쫓아 갔다. 그러나 변덕쟁이는 오히려 순례의 길을 같이 가자는 크리스찬의 제안을 받아들여 그와 함께 순례의 길을 가게 된다. 그러다가 시험의 늪인 '절망의 늪'에 빠지자 동료인 크리스찬에게 화를 내고 뒤로 돌아 자기가 살던 멸망의 도시로 되돌아간다.

변덕쟁이의 초기 모습은 매우 은혜스럽다. 왜냐하면 악한 친구인 고집쟁이에게 크리스찬과 함께 가겠다고 담대히 말하고는 그를 버리고 천성을 향한 순례의 길을 가기 시작했기 때문이다. 그러나 변덕쟁이는 크리스찬과 함께 순례의 길을 가다가 어려움

---

[1] 용어 사용과 본문은 유성덕 교수가 번역한 『천로역정』(크리스챤 다이제스트 간)을 참고하였다.

을 만나자 그 길을 포기하고 되돌아 가 버렸다.

이러한 변덕쟁이는 다음과 같은 위선자의 특징을 가진다.

변덕쟁이는 하나님 나라, 영원히 멸망하지 않을 아름다운 왕국을 육신적으로(carnal) 이해했다. 그는 크리스찬이 말한 행복도 육신적으로 이해하여 이 땅에서 물질을 마음껏 향유하는 것으로 생각했으며, 영원한 것에 대해 전혀 이해하지 못한 채 단지 환상적인 상상(fantastic imagination)을 할 뿐이었다.

그는 죄에 대해서도 이해하지 못했으며 자신의 죄를 전혀 깨닫지도 못했을 뿐만 아니라 자신의 무가치함은 더욱 인식하지 못하고 있었다. 그래서 그에게는 죄를 벗어 버리려는 소망이 전혀 없었으며, 그의 양심은 죄의 질책으로 인한 신음이 아니라 이 땅에서 누릴 즐거움에 대한 생각으로 가득 차 있었다.

그의 겉모습은 하나님 나라를 소망하는 것처럼 보였다. 왜냐하면 최소한 어려움을 만나기 전까지는 크리스찬과 동행하면서 즐거워하며 소망 중에 있었기 때문이다.

그러나 변덕쟁이는 십자가를 지고 주를 따라가기 위해 치러야 할 희생과 대가에 대해서는 조금도 생각하지 않은 채 순례의 길을 단지 아무런 어려움도 없는 만사형통의 길로 인식하였다. 그래서 그저 가벼운 마음으로 쉽게 믿을 생각에 순례의 길을 나섰다가 '절망의 늪'에 빠지게 되자 크리스찬에게 "이런 것이 행복

이냐?"라고 화를 내면서 자신이 살던 멸망의 도시로 다시 돌아간 것이다. 그의 외적인 열심은 고난을 만나자 한순간에 식어 버리고 말았다.

이러한 유형의 위선자들의 대표적인 예로는 오늘날 쉽게 믿고자 하는 풍조(easy believism)의 사람들이 있다. 이러한 위선자들은 복음을 듣기는 하지만 매우 피상적으로 들으며, 그것을 세상적인 행복을 얻는 수단이라 생각하여 외적인 신앙생활의 모습을 유지한다. 이들은 자기 부정이 아니라 자기 성취에 관심을 두며, 이기적이어서 작은 희생도 꺼려하고, 쉬운 길만을 택하며 세상적 즐거움에 더욱 관심을 두는 사람들이다.

이러한 사람들은 빵을 주는 예수님을 그토록 찾아다니며 임금으로 삼으려 했던 자들과 같다(요 6:15 참고). 이들은 자신이 중한 죄인이라는 사실과 죄의 질병에 대해서 모르기 때문에 의사이신 예수(막 2:17 참고)가 아니라 다른 예수와 '다른 복음'(갈 1:8,9)을 좇는다.

이들은 세상적 성향을 가지고 있기 때문에 외적 화려함을 좋아하게 되어 있다. 그래서 화려한 예배당에서 귀를 살살 긁어 주는 설교를 들으며(딤후 4:3 참고), 감상적인 예배(Emotional and Fanatic)를 보고, 자신의 교회의 외적인 규모를 자랑하면서 마치 그것이 자신의 신앙의 척도인 양 착각한다. 그러다가 환난이나 핍박을 당하면 그들의 종교적 행위가 위선이었음을 드러내고 만다. 그들에게는 뿌리가 없기 때문이다.

이러한 자들은 당장의 어려움을 면하기 위해 영원한 것을 기꺼이 버린다. 그것이 바로 그들의 심령에 진정한 회심이 없다는 증거이다.

특히 이러한 위선자들의 심령은 하나님의 법으로 죄의 질책을 받지 않았다. 바로 이것이 그들의 결정적 결점이다. 따라서 구원이 왜 필요하며 얼마나 중요한 것인지에 대한 심각성도 전혀 모르며, 그렇기 때문에 영원한 것을 쉽게 포기하고 만다.

2. 세상지혜자(Worldly Wiseman)

죄의 짐을 진 크리스찬이 그것을 벗기 위해 좁은 문과 십자가를 향해 가는 길에 세상지혜자가 나타난다. 그리고는 크리스찬에게 무거운 짐을 쉽게 벗을 수 있는 방법을 알려 주겠다고 한다.

세상지혜자는 처음에는 "크리스찬 당신이 직접 그 무거운 짐을 벗어 버리시오"라고 충고하였고, 그다음에는 "그 죄의 짐에 대해 너무 심각하게 생각하지 말고 그저 실수로 생각하여 스스로 그것을 책임지려는 어리석은 행동을 하지 말라"라고 했으며, 마지막에는 "도덕적으로 선행을 함으로써 죄의 짐을 벗을 수 있다"라고 하였다.

그래서 크리스찬은 세상지혜자의 말을 듣고 가던 길에서 벗어나 그가 제시한 길을 가 보지만, 죄의 짐이 가벼워지기는커녕 오히려 더욱 무거워지는 것을 느꼈다. 게다가 이로 인해 두려움에 휩싸이게 된다. 그리하여 결국 세상지혜자의 꾐에 속은 것을 깨닫는다.

이러한 세상지혜자는 교회 안에서 믿음과 지혜를 가진 척하면서 인간적 지혜로 사람들을 꾀어 내어 그들을 멸망으로 이끄는 위선자이다. 성경에서 말하는 '다른 복음'(갈 1:6,7)을 말하는 거짓 교사가 바로 여기에 해당된다.

세상지혜자는 인간의 힘과 능력으로 죄의 짐을 벗어 버릴 수 있는 것처럼 말하면서, 죄를 실수 정도로 간주하고는 쓸데없이 죄의식에 사로잡히지 말고 훌훌 털어 버리라고 말한다. 그리고 세상을 다 버리고 구질구질하게 살지 말고 즐길 수 있는 것을 다 즐기면서 살라고 매우 논리적으로 말한다. 또는 예의와 같은 도덕을 통해 외적 종교 행위의 완벽함을 이루어 구원을 이루라고 말한다.

따라서 이들의 외적인 모습은 세상적 지혜로 말미암아 매우 신사적이요 합리적인 것처럼 보이며, 인간적으로 감미롭게 위로해 주기 때문에 그들이 좋은 사람들인 것처럼 보인다.

이 세상지혜자의 인간적 방법과 논리는 영원한 심판과 원죄를 부정하는 펠라기우스신학의 논리이며, 선행을 통하여 구원을 이루라는 로마 가톨릭교회의 가르침이며, 인간에게 구원의 능력이 있다고 주장하는 알미니안신학의 가르침이다.

또한 경건(Piety)[2]을 도덕(Morality)으로 대체한 뉴잉글랜드신학(New England Theology)이 여기에 해당되며, 인간의 이성적 논리요 철저한 인간 중심의 자유주의신학(liberal theology)으로 그리스도의 신성과 속죄의 죽음을 부정하는 자들이 바로 여기에 속한다.

그리고 20세기 초의 윌리엄 제임스(William James)에서부터 시작되어, 영적인 것을 과학적 심리학으로 대체한 현대 심리학과 상담학이 바로 세상지혜자의 말과 일맥상통한다. 그들은 죄의 질책(conviction of sin)을 자기 존중(self-esteem)으로 바꾸어 회개 없는 용서를 말하면서 죄를 생각하지 말고 잊어버리라고 권면한다.

이와 같은 신학적 구조 안에서는 온전한 회개를 이루라는 말을 들을 수가 없다. 왜냐하면 죄를 책망하는 성령의 역사에 무지하기 때문이다.

---

[2] 경건은 회심을 해야만 나타나는, 거룩을 추구하고 하나님과 동행하는 삶을 말한다.

이들은 복음을 흉내 내며 종교적 의무 수행에 대해서도 말하지만, 죄에 대한 지식이 없고 영혼 구원에 관심이 없으며 좋은 사람들로 인식되면서 쉽게 살아갈 뿐이다.

그들의 외적 종교 행위는 도덕에 근거하고 있으므로 매우 훌륭하게 보인다. 그러나 거듭남이 없는 외적 삶의 개혁이나 선행은 외식일 뿐이므로 그들은 위선자이다.

더욱이 세상지혜자와 같은 위선자들은, 참된 복음과 영적인 가르침을 전하는 목회자들을 비난하고 복음을 방해하기 때문에 교회가 더욱 주의해야 한다. 특히 오늘날과 같이 상업주의(commercialism)와 상대주의(relativism)의 영향 아래서 이러한 위선자들의 가르침은 사람들에게 눈에 보이는 더욱 쉬운 길을 제시하기 때문에 좁은 문과 협착한 길보다 더 인기 있고 사람들이 몰리게 되므로 더욱 경계하여야 한다.

3. 형식주의자(Formalist)와 위선자(Hypocrisy)

크리스찬은 좁은 문을 통과해서 계속 순례의 길을 가고 있었다. 이 좁은 문을 통과하려면 그리스도와 일치하지 않는 모든 것을 문 앞에 내려 놓고 들어가야 하며, 그리스도 예수만을 갈망하여 문을 두드리는 가운데 하나님의 은혜로 열려 들어가게 된다.

그런데 형식주의자와 위선자는 좁은 문을 통해 들어오지 않고 담을 넘어 순례의 길에 들어온다. 이들은 영예를 찾으려는 목적으로 시온산으로 간다고 말하면서, 지름길을 택하기 위해 불법으로 담을 넘어 들어왔으며, 이렇게 담을 넘는 것은 다른 사람들도 이제까지 따르는 관습이기에 전혀 문제가 되지 않는다고 말한다.

더욱이 형식주의자와 위선자는 자신들의 정당성을 주장하기 위해, 비록 담을 넘어왔을지라도 율법이나 규례에 대해서는 그 어떤 예수 믿는 자 못지않게 양심적으로 잘 따르고 있기 때문에 그들과 다를 바가 없다고 말한다.

그러나 순례의 길을 가다가 만난 고난의 산 아래에서 형식주의자와 위선자는 그 어려움을 피하려고 샛길로 들어가게 되고, 결국 각각 멸망의 길로 빠져 버리고 만다.

이러한 형식주의자와 위선자의 모습은, 기계적으로 감정을 부추기는 집회에 참석했다가 제단 앞으로 나오라는 인도자의 초청 혹은 일어서라는 요청(Altar Calling)을 받고는 갑자기 즉흥적으로 그리스도인이 되겠노라고 결정하는 사람들에게서 쉽게 발견할 수 있다.

그들은 진정으로 회개하게 만드는 성령의 죄의 질책을 충분히 받지 못했고, 자신이 중한 죄인이라는 사실 때문에 몇 날 며칠 혹은 몇 주간이나 수개월 동안 죄로 인해 낮아진 경험이 없으며, 죄를 씻기 위해 그리스도를 찾은 경험도 없다. 그들에게는 회심의 경험이 없기 때문에 죄를 미워하거나 죄와 싸우려는 의도가 전혀 없는 상태에서 예수를 믿는 흉내만 내는 것이다.

그들은 교회의 예배에 참석하고, 어떤 일시적인 체험만을 가지고 자신이 거듭난 그리스도인이라고 고백하며, 세례도 받고 주의 성찬에도 참여하며, 자신이 올바른 길을 가고 있다고 생각한다.

이러한 사람들 중에는 헌신한다고 하는 자들도 있는데, 그것은 헛된 영광(vain glory)으로 인한 것이다. 성령의 역사하심이 그 심령 속에 없는 상태에서 참된 그리스도인과 똑같이 종교적 행위를 하면서 그 형식을 행하는 가운데 자신에게 믿음이 있다고 착각하는 것이다.

그들은 경건의 열매를 맺는 회개의 문을 통과하지 않았기 때문에, 즉 담을 뛰어넘어 쉽고 빠른 길로 들어왔기 때문에, 지금 교회에 붙어 있는 것만으로 자신이 그리스도인이라고 주장하면서 '나는 세례를 받은 교인입니다. 나는 교회에 빠지지 않고 출석합니다. 그러므로 나도 당신과 똑같은 그리스도인입니다'라고 말하며 당연히 자신이 옳은 길에 있다고 생각한다. 그리고 '이 세상의 많은 교회들이 다 그렇게 하는데 무슨 문제가 있느냐'라고 말한다.

　실제로 오늘날 미주 지역의 이민교회에서 이런 유형의 위선자들을 쉽게 볼 수 있다. 술을 파는 장사를 하면서 말하기를, 어느 교회의 어느 장로님도 술장사를 하기에 괜찮다고 하고, 돈 벌어 헌금하고 교회도 빠지지 않는데 어떻냐고 반문하기도 하며, 주일에 장사를 하면서도 많은 사람들이 다 그렇게 하는데 무슨 문제가 되느냐고 말한다.

　그들이 진정한 회개의 문을 통과하지 않고 담을 넘어 들어왔으며, 그래서 그들에게 하나님을 두려워하는 심령이 없고 하나님의 계명을 지키려는 마음이 없기 때문에 이렇게 말할 수 있는 것이다.

　이러한 형식주의자와 위선자 같은 사람들은 하나님의 계명을 지킴으로써 그들에게 손실이 발생할 것 같으면 그 계명을 무시해 버리고, 다른 사람들도 안 지킨다고 스스로를 위로할 뿐만 아니라, 종교로 인해 어려움이 닥치면 언제든지 길을 바꾸어 그것을 피해 나간다.

　특히 이러한 형식주의자와 위선자들이 교회에 넘치게 되면, 교회는 영적 능력을 상실하고 그 거룩성을 위협받게 된다.

4. 수다쟁이(Talkative)

천로역정의 주인공인 크리스찬은 '믿음'이라는 친구를 만나 그 순례의 길을 동행한다. 이때 수다쟁이라는 자가 그들 앞에 나타난다.

수다쟁이는 '믿음' 앞에서 기적에 대해, 혹은 징조에 대해 이야기하기를 즐기면서, 세상의 모든 것이 헛되다든지, 하늘에 관한 것이 우리의 영육에 유익이 된다든지, 거듭남의 필요성, 인간들의 부족함, 그리스도의 의로우심이 인간의 구원에 필요하다는 것, 믿음을 갖는 것, 기도하는 것, 복음의 위로, 모든 것이 은혜로 된다는 것과 많은 성경 구절을 인용할 수 있는 것을 자랑스럽게 떠벌린다.

그래서 믿음은 그가 진실로 훌륭하다고 생각한다. 그러나 수다쟁이를 잘 알고 있는 크리스찬은 믿음에게 이렇게 충고한다. 수다쟁이는 말만 하고 행하지 않는 자이며, 단지 듣고 말하는 것으로 진실한 그리스도인이 될 수 있다고 생각하는 자로서 자신의 영혼을 속이고 있다는 것이다.

결국 수다쟁이는 크리스찬과 믿음과 대화하는 가운데 그 대화의 내용이 성령의 역사, 은혜의 방법, 양심이 거듭나서 죄를 미워하는 것에 이르자 더 이상 수다를 떨지 못하게 된다. 수다쟁이는 단지 지식 그 자체만을 소유했을 뿐, 그 심령 속에 은혜의 작용이 일어난 자는 아니라는 사실이 드러나게 된 것이다. 결국 자신의 본모습이 드러나자 수다쟁이는 경건한 크리스찬과 함께 있는 것 자체를 부담스러워하며 떠나 버린다.

수다쟁이와 같은 위선자들로 인해 교회는 세상으로부터 비난을 받는다. 왜냐하면 이들로 인해 교회가 말만 할 뿐 행함이 없는 모습으로 비춰질 수 있기 때문이다.

수다쟁이의 신학적 지식이나 성경적 지식은 자기 자랑을 위한 것이요, 자신이 다른 사람보다 월등히 뛰어남을 보이기 위한 것이다. 이러한 위선자들은 잘난 척하기 위해 세상의 사악함을 이야기하고 오늘날의 교회가 경건하지 않다고 말한다.

수다쟁이와 같은 위선자는 회개에 대해 말은 잘 하지만 회개의 증거가 없고, 기도에 대해 신학적으로 잘 말하지만 기도하지는 않는다. 그들에게 비록 지식과 고백이 있다 하더라도 그 진리가 전혀 심령에 영향을 주지 못하므로 그 심령이 차갑다. 그는 이론적 지식만을 가지고 있을 뿐, 그것을 행하는 가운데 맛보는 그 진리의 달콤함을 전혀 알지 못하는 것이다.

이렇게 은혜의 산물인 믿음과 순종의 원리가 그의 심령에 없다는 것은 그가 회심하지 않았다는 증거이다. 그는 자신의 자존심을 지키기 위해 죄의 질책을 거부하고 핑계를 대면서 그 죄의 질책을 피해 나가며, 자신의 실체가 드러나게 되면 교회나 목회자를 비난하고 떠나 버린다.

5. 두마음(By-ends)

크리스찬은 허영의 도시를 빠져나오자마자 두마음이라는 자를 만나게 된다. 그는 하늘나라를 향하여 가고 있다고 밝히면서, 자신이 믿는 방법을 소개한다. 그는 엄격하게 믿기보다는 시대적인 사조와 흐름에 맞게 믿으며, 종교가 순탄한 길을 가고 명예롭게 빛날 때에는 열심히 믿고, 사람들이 종교에 대해 찬양과 갈채를 보내는 화창한 날에는 더욱 기꺼이 믿는다고 말한다. 그러면서 자신이 약삭빠르게 믿는 것 자체가 하나님의 은혜라고 말한다.

또한 두마음은, 상황에 따라 변해서는 안 되며 변함없이 믿을 것을 말하는 크리스찬에게 자신들의 신앙에 대해서 강요하거나 지배하지 말라고 하면서 그 충고를 거부한다.

두마음의 여행길에는 동행자가 있었는데, 세상 욕심으로 찌들어 있는 세상욕심(Hold-World)과 돈을 사랑하는 돈 사랑(Money-Love)이다. 그들은 종교의 탈을 쓰고 온갖 수단과 방법을 동원해서 이득을 얻으라고 가르치는 이득 사랑 선생의 제자들이었다.

그들은 고난은 가능한 한 피하는 것이 지혜로우며, 하나님의 선하신 복 주심이 보장되는 종교가 제일이라고 하면서, 아브라함과 솔로몬이 종교를 가져서 부자가 되었다고 말한다. 그리고는 하나님의 말씀인 성경을 지혜로운 이성의 판단과 함께 두어야 하며, 종교로 자신의 목적을 달성해야 한다고 입을 모은다.

또한 그들은 지혜로운 목회자에 대해 자신들의 견해를 말하는데, 더 많은 사례비를 위해 연구하고 열렬히 설교하며, 자신이 어떤 것을 옳다고 생각하더라도 신자들의 취향이나 기질이 요구하는 대로 그것을 수정하는 자가 지혜로운 목회자라고 말한다.

두마음은 분명 외적으로는 천성을 향해 여행하는 중이었다. 그러나 그는 세상적인 이익을 얻기 위해 얄팍한 믿음을 고백하면서 교회에 출석하는 위선자이다. 그들은 돈을 사랑하며 세상적이고도 육신적인 자들로 이중적 두마음을 품고 있다.

특히 이러한 위선자들은 교회가 외적으로 번영하는 시기에 많이 나타난다. 그래서 쉽게 신앙을 고백하여 교회에 들어오고, '경건을 이익의 방도로 생각'(딤전 6:5)한다. 이들은 양심의 자유를 말하면서 경건에 따른 행위의 원리를 거부한다. 그리고 자기들의 사리사욕을 추구하기 위해 성경을 인간적으로 해석하고는 그것이 성경적이라고 주장한다.

두마음과 같은 위선자들은 시대 사조에 맞추어 믿는 것을 추구하면서, 먼저 간 성도들이 변함없이 걸어간 '옛적 길 곧 선한' (렘 6:16) 신앙을 비웃는다. 이들은 '예수님의 멍에를 메는 것'(마 11:29 참고)을 거부한다.

실례로, 오늘날 교회가 거룩한 주일 성수를 과거의 유물처럼 취급하는 현상이 부쩍 늘었다. 주일 성수(안식일 준수)는 교회와 성도에게 있어서 영적 온도계 역할을 감당해 온 우주적인 하나님의 계명이다. 그런데 교회가 이것에 대해 너무 느슨해져 있다. 이러한 현상은 시대가 시대인 만큼 오늘날에는 시대에 따라 믿어야 한다는 풍조에서 나온 것이다.

이러한 위선자들이 넘칠 때 교회에는 도덕률폐기론주의 (Antinomianism)가 크게 만연하게 되어 '은혜 안에서 자기 멋대로 주의'가 일반적인 것이 되고 만다.

6. 데마(Demas, 딤후 4:10 참고)

크리스찬과 소망(Hope)이 순례의 길을 가는 중에 데마라는 사람이 그들을 유혹한다. 데마는 그들에게 은광을 보여 주겠다고 말하면서 그곳에서는 많은 재물을 쉽게 모을 수 있으니 들렀다 가라고 권한다. 그러나 크리스찬과 소망은 데마의 권유를 거절하고 가던 길을 계속 가려 한다. 그러자 데마는 자기도 순례자라고 소개하면서 함께 가자고 요청하고는, 자신이 아브라함의 자손이라고 주장한다.

그러나 두마음과 그 친구들이 나타나자 데마는 그들에게로 달려가 그들에게도 크리스찬과 소망에게 권유했던 것과 같이 말하였다. 그리고 데마의 유혹에 넘어간 두마음과 친구들은 은광으로 달려갔고, 두 번 다시 볼 수 없게 되었다.

두마음과 그의 친구들은 이 세상에 맞추어 살아가는 자들이었으며, 데마는 이 세상을 사랑하는 위선자이다. 데마라는 이름은 바울 서신에서 세 번이나 언급된다. 골로새서 4장 14절, 빌레몬서 1장 24절에서 데마는 분명히 바울의 동역자로서 함께 고생하고 핍박을 받았으며 그것을 견뎠다고 되어 있다. 그러나 디모데후서 4장 10절에는 데마가 세상을 사랑하여 바울을 버리고 떠났다고 기록되어 있다.

그는 예수를 믿는다고 하면서도 세상을 버리지 않고 은밀하게 품고 있던 게하시와 가룟 유다 같은 사람이다. 그래서 세상의 유혹이 한꺼번에 몰려오자 세상을 사랑하는 것으로 인해 그리스도를 잊어버렸을 뿐만 아니라, 한 발 더 나아가서 다른 그리스도인을 유혹하여 세상으로 이끄는 사탄의 하수인이 되고 말았다. 그러면서도 그는 자신을 아브라함의 자손이라 소개하면서 외적인 조건을 의지하는 것이다.

이러한 위선자들은 교회 속에서 신앙고백을 따라 하기는 하지만 그 심령은 온통 세상에 대한 사랑으로 가득 차 있다. 그래서 모든 수단을 동원해서라도 돈을 벌려고 하며, 심지어 불법적인 수단마저도 주저하지 않는다. 오늘날 교회의 직분자 중에도 투기로 돈을 벌고 고리대금을 하며 부정한 방법으로 사업을 하면서도 이렇게 복 받은 것이 하나님의 은혜라 말하는 사람들을 그리 어렵지 않게 발견할 수 있다. 바로 이들이 데마와 같은 부류의 위선자들이다.

7. 무지(Ignorance)

무지라는 청년은 기만(Conceit)이라는 나라에서 천성을 향하여 가는 중에 크리스찬을 만난다. 무지가 좁은 문으로 들어오지 않은 것을 알아차린 크리스찬은 천성까지 어떻게 갈 생각이냐고 질문을 한다.

그러자 무지는 다른 선한 사람들이 한 것처럼 할 것이라고 하면서, 지금까지 자신은 착하게 살아오고 기도하며 금식하고 십일조를 바치고 자선을 베풀었으며, 천국으로 가기 위해 모든 것을 포기하고 고향을 떠나왔다고 말한다. 그리고 자신의 나라는 기독교가 국교이기 때문에 그것을 따르면 아무런 문제가 없을 것이라고 자신 있게 말한다.

또한 무지는 인간의 전적 부패를 믿지 않고 인간의 본성이 선하기 때문에 자기 마음을 믿는다고 한다. 그러면서 한편으로는 의롭다함을 얻기 위해 그리스도를 믿어야 한다고 말하고, 그래도 하나님께서 자신의 순종을 은혜롭게 받아 줄 것을 믿는다고 하면서 자신의 의를 포기하지 않는다.

무지라는 청년은 기만이라는 나라에서 살면서 자신에 대해서 전혀 파악하지 못하고 있었다. 즉, 자신이 몹쓸 죄인이라는 사실을 모르고 인간의 전적 부패에 대해서 알지 못하며, 구원이라는 것을 외적인 도덕적 선행과 종교적 의무를 행함으로써 얻을 수 있는 것으로 생각하고 있다. 이와 같은 부류는 대부분 율법주의적(logalism) 위선자들이다. 그의 이름이 무지인 것은 구원의 도에 대해서 무지하기 때문이다.

무지와 같은 사람들은 어느 정도 복음화된 나라에서 볼 수 있는 유형이요, 때로는 영국의 성공회와 같이 기독교를 국교로 받아들이는 상황 속에서 생길 수 있는 위선자이며, 또 기독교 가정에서 태어나 부모들이 하던 것처럼 외적인 종교적 의식에만 참여하고 은혜의 방법(Means of Grace)에 대해서는 전혀 무지함으로써 발생될 수 있는 부류이다. 그래서 그들은 대개 주위에 있는 사람들이 하는 것을 따라 하는 형식주의자들이다.

3. 위선자들의 실제적 유형

이러한 무지와 같은 사람들은 도덕적으로 볼 때는 매우 신사적이기도 하다. 그러나 좁은 문을 통과하지 않았기 때문에 죄의 질책과 죄를 용서받기 위해 그리스도가 필요하다는 사실에 대해 무지하다. 즉, 회심의 과정에 대하여, 그리고 성령께서 어떻게 구원을 위해 일하시는지에 대해 무지하다.

단지 자신이 포기한 것들과 자신이 수행한 종교적 의무들, 그리고 스스로가 악하지 않다는 것만으로 자신이 구원받기에 충분하다고 생각하는 것이다. 그래서 그들은 자신의 심령이 악하고도 변덕스러우며 부패하였다는 사실을 더욱 인정하지 않는다. 이것이 그들의 영적인 눈을 멀게 하고 큰 착각에 빠진 채 종교 생활을 하게 만드는 것이다.

이러한 무지와 같은 위선자는 예수 그리스도를 믿는다고 말하면서도 실상 그리스도의 의와 십자가를 깨닫지 못하며, 자신의 공로가 자기 자신을 의롭게 하는 데 한 부분을 차지한다고 생각한다. 그래서 여전히 자신의 의를 믿고 있는 것이다. 이러한 그의 생각의 신학적 구조는 "하늘은 스스로 돕는 자를 돕는다"라는 말로 요약될 수 있다.

이러한 위선자들은 처음에는 성령의 역사로 영적인 눈이 뜨였다가도 거짓 교사에 의해 자기 의를 세우려는 상태로 다시 되돌아가기도 한다(갈 3:1-3 참고). 그들은 자기 의를 모든 것의 근거로 삼기 때문에 기만적이며, 죄의 질책이 없기 때문에 자신을 낮출 수도 없고 매우 교만하다.

8. 변절(Turn-away)

크리스찬은 무지와 헤어진 후 곧 어떤 사람이 일곱 가닥의 강한 밧줄에 묶인 채 일곱 귀신에게 끌려가는 것을 보았다. 그를 보면서 크리스찬은 그가 배교라는 마을에 살던 변절인 것 같다고 생각했다. 그의 등 뒤를 보니 '믿음이 있는 척하였던 바람둥이로 저주받을 자'라고 적혀 있었다.

이러한 위선자들은 히브리서의 배경과 같이 교회가 의를 위해 핍박받을 때 많이 일어난다. 평화로울 때에는 그토록 믿음이 좋은 것처럼 보이고 은사를 받아 귀신을 쫓아내고 주의 이름으로 많은 권능을 행하기도 하지만, 핍박이 오면 결국 그들의 위선을 드러내고 만다.

이러한 위선자들은 하나님의 선한 말씀과 내세의 능력을 맛보고도 가시와 엉컹퀴를 내며(히 6:4-8 참고), '진리를 아는 지식을 받은 후 짐짓 죄를 범한다'(히 10:26). 이들은 위선자 중에서도 가장 악한 부류로, 결국 자신의 타락을 스스로 드러낸다.

9. 일시(Temporary)

일시라는 인물은 한때 크게 각성하였다. 그리고 각성 중에 자기의 죄와 그로 인한 심판에 대해 깨달았다. 그는 많은 눈물을 흘리면서 "주여 주여!" 하고 외쳤다. 그는 순례의 길을 가기로 결심도 하고, 종교적으로 앞장서서 활동도 하였다. 그러나 그는 결국 은혜의 길에서 떠나고 말았다.

이러한 위선자는 일시적 믿음(temporary faith)을 가지고 있다가 뒤로 물러간 자(Backslider)를 말하는데, 대략 네 가지 경우들이 있다.

첫째, 죄책으로 양심이 깨우침을 받지만 심령이 변화되지 않아서 점점 죄책감이 약해지다가 결국 옛 생활로 돌아가는 경우이다. 이러한 상태에 처한 사람들은 지옥의 고통에 대한 두려움 때문에 열심을 내다가 그 두려움이 사라지면서 다시 옛 생활로 돌아가고 만다.

둘째, 죄의 질책으로 인한 두려움을 인간적인 방법으로 피하는 것이 현명하다고 생각하고는 다시 세상으로 가 버리는 경우가 있다.

셋째, 죄의 질책을 받고 열심을 내다가 주위의 세상 친구들과 환경으로부터 비난의 소리를 들을 때 육신적 수치감을 느껴 순례의 길에서 떠나는 경우가 있다.

넷째, 각성을 받고 순례의 길을 떠나지만 그것이 어려워 보이고 힘들다고 생각하여 더 쉬운 길을 찾으려다가 아예 세상으로 도망쳐 버리는 경우가 있다.

결국 이러한 위선자들이 옛 생활로 돌아가게 되는 가장 근본적인 원인은, 죄의 질책을 온전히 받지 못하고 부분적으로 받았기 때문이다.

이러한 위선자들은 떠나면서 교회에 상당한 상처를 준다. 그들은 개인적인 의무들, 즉 골방 기도나 정욕의 절제, 경성함, 죄의 탄식을 점점 소홀히 하고 설교 듣는 일이나 성경 읽는 일, 경건 모임에 참석하는 일들을 저버리다가 목회자와 그 설교에 대해서 비난하고, 교회의 약점들을 찾아 비난하면서 한결같이 교회에 사랑이 없다고 말한다.

또한 그들은 경건한 사람들에 대해 험담하고 스스로 의로워져서 어느 누구의 권면도 듣지 않는다. 그리고는 육신적이고 세상적이며 음탕한 사람들과 어울리면서 공개적으로 죄를 짓기 시작하고 더욱 대담하게 큰 죄로 나아간다.

이러한 일시와 같은 위선자들은 감정을 자극하는 집회에서 고백을 요구함으로써 많이 발생할 수 있다. 온전한 죄의 질책보다는 일시적 체험(temporary experience) 혹은 질책을 회심으로 착각하고 열심을 내면서 스스로 의로워져서 교만해지고 잘난 척하기도 한다. 그러다가 한편으로는 열심 내는 것을 귀찮아하며 그것을 피곤해한다. 그래서 빠져나갈 기회를 찾다가 인간적이고도 세상적인 유혹을 만나면 곧바로 옛 생활로 돌아가는 것이다. 그리고 이때 그러한 자신을 정당화하기 위해 교회와 목회자와 교인들을 비난하면서 떠난다.

이러한 위선자들은 하나님의 특별한 은혜로 돌이키지 않는 한 자기 기만 속에서 영원히 멸망당하고 말 것이다.

4장
위선자를 분별하는
참된 그리스도인의 표식

　우리는 위선자에 대해 살펴보면서 자기를 점검하고, 교회 사역자의 입장에서는 그들을 고치는 것을 목표로 하고 있다. 그렇다면 '이러한 목표를 위해 나 자신이 어떤 참된 은혜의 과정을 거쳐야 할 것인가? 즉, 어떻게 참된 그리스도인의 표식을 가질 것인가? 그리고 어떻게 위선자를 올바른 은혜의 과정으로 인도할 것인가?'에 대해 알고 있어야 할 것이다. 따라서 이 장에서는 위선자와 뚜렷이 구별되는 참된 그리스도인의 표식에는 어떤 것들이 있는지 살펴봄으로써, 위선자를 분별하고 치유하는 수단으로 삼고자 한다.

1. 좁은 문

마태복음 7장 13절에 의하면, 우리에게는 두 가지의 선택이 있다. 하나는 생명으로 인도하는 좁은 문과 협착한 길이며, 다른 하나는 멸망으로 인도하는 넓은 문과 넓은 길이다.

그런데 14절에서는 생명으로 인도하는 문은 구하고 찾아서 들어가는 문이요, 또 그 문이 좁고 길이 협착하여 찾는 이가 적다고 말한다. 반면 넓은 문과 그 길은 크고도 넓어서 찾을 필요도 없으며, 또 그리로 들어가는 자가 많다고 말한다. 여기서 문이라는 것은 신앙생활의 시작을 의미한다(히 4:3 참고).

그러므로 참된 그리스도인의 첫 번째 표식으로서 굳이 힘들고 어려운 좁은 문을 찾아 나서는 것에 대해 살펴보고자 한다.

먼저 좁은 문이 왜 협착하고 좁은지에 대해 살펴보자. 넓은 문은 우리의 죄 된 육신의 성향을 문제 삼지 않는다. 즉, 나의 육신적인 것과 탐욕과 교만을 하나도 포기하지 않아도 된다. 이러한 넓은 문의 성질은 사람들에게 더욱 인기가 있어서 그리로 사람들이 몰려들게 만든다.

그러나 좁은 문은 이러한 죄 된 육신의 성향을 허락하지 않는다. 그 문 자체가 좁아서 이러한 육신적 성향을 찌르기 때문에 그것을 내려놓지 않고서는 그리로 들어갈 수가 없다. 따라서 그 문은 사람들에게 인기가 없고 찾는 사람들도 적다. 그렇기 때문에 좁은 문을 찾아왔다는 것 자체가 이러한 육신적인 것을 모두 포기할지라도 반드시 그 문 안으로 들어가겠다는 굳은 결심이 있음을 전제한다(눅 13:24 참고).

위선자들은 꼭 그렇게까지 믿어야 하느냐고 질문할 수도 있다. 이에 대해 스가랴서 9장 16절은 이렇게 대답한다.

"그들이 왕관의 보석같이 여호와의 땅에 빛나리로다."

즉, 참 구원의 도에 있는 사람들을 보석 같다고 말하는 것이다. 보석은 그 희소가치 때문에 보석인 것이지 흔하면 보석이 아니다. 그러므로 구원의 참 도에 있는 자들이 보석 같다는 것은 그들이 다수가 아님을 알려 준다. 따라서 우리는 반드시 우리의 육신적 성향을 버리고 죽이는 좁은 문과 협착한 길로 가야 한다.

좁은 문까지 찾아왔다는 것 자체가 하나님의 은혜가 이미 작용하고 있다는 것을 의미한다. 왜냐하면 좁은 문을 분별할 수 있다는 것과 좁은 문으로 반드시 들어가겠다는 갱신된 의지(renewed will)가 바로 은혜의 증거이기 때문이다. 어떤 어려움도 불사하고 필사적으로 그곳에 이르렀다는 것과 자신의 육신적 즐거움을 즐기는 것보다 육신의 성향을 거스르고 불편과 어려움을 가져다주는 이 길을 택하였다는 것은 하나님의 은혜가 아니면 결코 할 수 없는 일이기 때문이다.

자연인의 죄 된 본성으로는 당연히 이렇게 사람들이 찾지 않는 어려운 것을 굳이 찾지 않으며, 사람의 타락한 심령으로는 그것을 찾을 수도, 찾을 능력도 없다(롬 8:7,8 참고). 하나님의 은혜가 이미 임했기 때문에 죄인이 좁은 문을 찾아 나섰고, 거기에 들어가려고 하는 것이다.

그러면 그 은혜는 무엇인가? 우선 좁은 문을 찾아 나선 죄인은 자신이 얼마나 잘못된 중한 죄인이었는지를 깨달으면서 깨어나기 시작한다. 하늘로부터 비춰는 빛으로 말미암아 전에는 볼 수 없었던 자신의 죄가 보이기 시작하고 자신의 원죄와 자범죄를 깨닫게 되며, 그러한 자신의 비참한 처지를 슬퍼하며 율법을 어긴 것에 대한 저주와 하나님의 심판을 두려워하게 된다. 그리고 그리스도를 아는 구원의 지식의 조명을 받음으로써 죄의 용서와 구원의 말할 수 없는 소중함과 필요성을 절실하게 소망하게 된다.

한편 성령의 역사로 의지(Will)의 갱신이 일어나면서 그 영혼에 새로운 영적 원리가 자리잡게 된다. 그리하여 세상의 헛됨을 버리고, 진주 장사가 진주를 찾아다니듯이 좁은 문을 향하여 출발하게 되는 것이다(마 13:46 참고).

그렇다면 죄의 질책을 받은 사람은 누구나 자동적으로 좁은 문을 찾는 것일까? 그렇지 않다. 마가복음 6장 20절에서 보는 바와 같이, 헤롯은 세례 요한을 의롭고도 거룩한 사람으로 알고 두려워하였으며, 그의 질책을 번민하면서도 달갑게 들었고, 또 그를 보호하기도 했다. 그러나 헤롯은 그 질책에 대해서 좁은 문의 필요성을 느끼거나 그것을 찾아 나서지는 않았다.

사도행전 24장 25절에 등장하는 벨릭스 역시 사도 바울의 강론을 듣고 두려워하며 죄의 질책을 받지만, 결국 그 질책을 회피하고 만다.

따라서 예수님께서 좁은 문으로 들어가기를 힘쓰라고 말씀하신 것은 '베푸신 은혜를 헛되지 않게'(고전 15:10 참고) 하기 위한 것이다. 또한 우리에게 베푸신 그 은혜에 대해 우리가 순종하는 것은 당연한 일이다.

들어가기를 힘쓴다는 것은, 은혜의 귀중함을 알고 갈망한다는 것이다. 마치 다윗이 하나님의 성전 짓기를 사모하여 모든 필요한 것을 준비한 것과 같은 심령을 말한다(대상 29:2 참고).

또한 힘쓴다는 것은, 갱신된 의지와 마음을 모두 그리스도에게 드리는 것을 말한다(빌 1:29 참고). 그래서 상을 얻기 위하여 달음질하며(고전 9:24,25 참고), 영생을 취하기 위해 믿음의 선한 싸움을 싸우고(딤전 6:12 참고), 썩을 양식을 위해 일하는 것이 아니라 영생하도록 있는 양식을 위해 일하며(요 6:27 참고), 어둠의 세상 주관자들과 싸움하는 것이다(엡 6:12 참고).

들어가기를 힘쓴다는 것은, 구체적으로 죄에 대해 저항하고 싸우며(히 12:4 참고), 의와 경건과 믿음과 사랑을 위해(딤전 6:11 참고), 그리고 더러움을 피하기 위해 애쓰는 것을 말한다. 이는 좁은 문을 통과한 후 좁은 길에서 육신을 억제하고(Mortification) 죄를 미워하고 싸우며(Hatred of Sin) 경건을 나타내도록 하는 원인이 된다. 그래서 이렇게 들어가기를 힘쓰면서 눈물의 기도를 올리고 때로는 인내하며 환난을 극복하게 되는 것이다.

예수님이 들어가기를 힘쓰라고 권고하신 데에는 이유가 있다. 먼저 주님께서 베푸신 큰 구원의 소중함을 더욱 알게 하기 위함이다(히 2:3 참고). 그리고 좁은 문으로 가는 사람들에게 그 길에서 떠나고 포기하게 만들려는 바알세불의 공격이 더욱 첨예화되기 때문에, 더 힘써 그를 대적하고(벧전 5:8 참고) 영적인 것을 포기하지 말아야 함을 알려 주기 위함이다(갈 5:17, 벧전 2:11 참고).

왜냐하면 우리의 죄 된 본성은 좁은 문과 좁은 길을 힘들게 느끼도록 만들고(롬 7:23,24, 살후 2:12 참고), 하나님의 계명을 무거운 것으로 생각하게 하며(요일 5:3 참고), 때로는 그 엄격함을 속박으로 여기게 함으로써 영원한 것의 말할 수 없는 가치보다는 일시적인 불편함을 더 크게 생각하여 영적인 것을 포기하도록 만들기 때문이다(히 2:3 참고). 더욱이 우리의 죄성은 게으름을 좋아하기 때문에 이렇게 애쓰는 것을 통해 은혜가 더욱 귀한 것임을 깨닫게 하려는 것이다.

따라서 주께서 베푸신 은혜는 우리로 더욱 열심을 품게 하고 (롬 12:11 참고), 좁은 문을 향해 가는 길에서 곁길로 빠지거나 세상으로 다시 돌아가는 것을 막는 예수님의 은혜로운 조처이다.

그러나 위선자들은 느슨함을 선택하여 넓은 문으로 들어가고, 그 넓은 길에서 자신의 불안한 심령을 상쇄하기 위해 외적인 종교 활동에 열심을 내는 것이다.

2. 참된 회심

1) 죄의 질책

좁은 문을 향해 가면서, 그리고 좁은 문을 통과하면서 회심을 이루게 된다. 다시 말하면, 성령께서 죄에 대한 질책을 시작하심으로써(요 16:8,9 참고) 회심의 과정이 시작된다. 이 질책으로 인해 죄인들은 자신의 죄를 보게 되고, 율법을 통해서 자신이 죽을 죄에 빠진 것과 그로 인하여 하나님의 진노 아래 처하게 된 것을 깨닫게 된다. 그리고 이 죄의 질책이 깊어지면서 가슴을 치며 애통해하게 된다(행 2:37 참고).

죄의 질책이 지적(intellectual)이라고 한다면, 죄에 대해서 가슴을 치며 애통하는 것은 죄의 질책이 심령과 의지(heart and will)에 자리잡았다는 것을 의미한다. 이렇게 죄를 질책하시는 성령의 역사로 말미암아 죄인들에게 심판에 대한 두려움이 임한다(엡 5:13 참고). 그리하여 죄를 떠나는 삶이 시작되는 것이다.

또한 애통하는 죄인은 겸손해진다. 그는 마치 꺼져 가는 심지나 죽은 자와 같이 되어 결국 "어떻게 해야 구원을 얻을 수 있습니까?"라는 죄인의 기도를 드린다. 그리고 이렇게 기도하면서 회개하고, 하나님께서 마련하신 구원의 방편인 예수 그리스도를 단단히 붙잡는다. 이것이 곧 회심이다.

좁은 문을 통과한다는 것은 바로 이러한 겸손의 좁은 문, 회개의 좁은 문, 믿음의 좁은 문을 통과하는 것이며, 이 좁은 문을 통과하지 못하도록 방해하는 마귀와 세상을 이기는 것이다(엡 1:19 참고).

따라서 회심은 우리의 마음과 의지와 감정(Affections)을 갱신시켜서 죄와 사탄과 세상으로부터, 그리고 우리 스스로 의로워지려는 것으로부터 떠나 우리 영혼을 그리스도에게로, 그리스도의 멍에와 십자가로 향하게 한다.

그러나 여기에서 우리는 내적인 회심이 아닌 외형적인 것을 분별할 수 있어야 한다. 때때로 죄인의 조급함 때문에, 또는 걍퍅함 때문에, 그리고 그 피상적인 지식 때문에 은혜의 결여 현상이 일어날 수 있다. 따라서 위선자가 되지 않고 온전한 회심에 이르도록 우리 자신을 살펴야 하며, 또 분별하여 다른 이들을 도와주어야 한다.

우선 죄의 질책 가운데 있는 죄인의 애통함을 인간적인 방법으로 없애려는 어리석음을 범할 수 있다. 죄를 실수로 간주하여 인간적 상담을 통하여 잊게 한다거나, 인간은 악한 죄인이 아니라 어느 정도 선하다고 말함으로써 거짓 평안을 주어 죄의 질책과 애통함을 멈추게 할 수도 있다. 또 죄로 인한 하나님의 진노에 대한 두려움을 쓸데없는 걱정으로 취급하면서 무시하라고 말함으로써 거짓 평안을 줄 수도 있다.

2) 거짓 회개와 참된 회개

거짓 회개를 특히 주의하여야 한다. 때로는 자신이 죄인임을 자각하면서 죄인이라고 고백한다 하더라도 이것을 회개한 것으로 보아서는 안 된다.

예를 들어, 애굽의 바로 왕은 모세에게 자신이 하나님과 그 백성에게 죄를 지었다고 고백하였지만, 여전히 똑같은 죄짓기를 반복하였다(출 9:27,34 참고). 그의 회개는 눈앞의 어려움을 피하기 위한 임시적 회개(temporary repentance)에 불과한 것이었기 때문이다. 임시적 회개는 구원에 이르는 회개가 아니다.

그리고 죄의 질책으로 양심의 가책을 받을 수도 있는데, 그 양심의 가책 자체도 회개는 아니다. 아합이나 가룟 유다는 자신이 지은 죄로 인하여 양심의 가책을 받고 괴로워했지만 회개한 것은 아니었다.

죄를 짓지 않겠다고 굳은 결심을 하는 것도 회개하는 것은 아니다(렘 2:20 참고). 이런 결심은 약해지고 식어지며, 때때로 강한 유혹을 만나면 쉽게 무너지고 만다. 예를 들어, 질병에 걸리는 것 같은 어려움 때문에 죄를 짓지 않겠다고 결심했다면 그 후에 어려움이 사라지면 그 결심이 쉽게 무너지는 경우가 많다.

하나님의 진노에 대한 두려움으로 인해 회개의 외형을 나타낼 수도 있으나, 이것 역시 회개는 아니다. 이런 경우 두려움이 사라지면 여전히 죄를 반복하게 된다.

더욱이 회개한 증거로 삶의 일부가 외적으로 개혁되었다고 해도 그것을 회개한 것으로 보아서는 안 된다. 왜냐하면 외적인 죄는 회개했더라도 다른 사람이 모르는 죄를 여전히 은밀하게 범할 수 있기 때문이다.

이러한 유형에 대해, 호세아 7장 8절에서는 한쪽은 구워지고 다른 한쪽은 구워지지 않아 못 먹는 전병과 같이 절반은 회개하고 절반은 회개하지 않은 것이라고 말한다. 이러한 부분적인 회개는 회개하지 않은 것과 같다. 이러한 회개는 자신이 개혁한 일부분 때문에 스스로 의로움에 빠지는 어리석음을 범하기 쉽다.

그러므로 위선자가 되게 하는 피상적이고도 임시적인 거짓 회개가 아니라 참된 회개의 증거가 나타날 때까지 죄인들이 진정으로 회개했는지를 신중히 살펴야 한다.

진정한 회개에는 다음과 같은 요소가 모두 있어야 한다.

첫째, 자신의 죄를 보고 인정하는 것에서부터 시작하여야 한다(마 27:4 참고). 누구 때문에 죄를 지었다고 핑계대면서 자신의 책임을 전가한다면, 그리고 상황이 여의치 않아 죄를 지을 수밖에 없었다고 말한다면 회개할 수 없다.

둘째, 죄에 대해서 슬퍼하되 애통하고 통곡하며(슥 12:10 참고), 그 죄에 대한 눈물 어린 기도를 올려야 한다(히 12:16,17 참고).

셋째, 죄에 대한 자백이 있어야 하는데, 그 자백이 진실한지에 특히 주의하여야 한다. 가슴을 치고 애통하는지, 그 자백이 구체적인지, 피상적인 것은 아닌지, 혹시 주변 상황 때문에 과장된 것은 아닌지 주의를 기울여야 한다.

넷째, 죄에 대하여 부끄러워하며 철저히 낮아져야 한다(왕상 21:29 참고). 죄를 자백하면서도 낮아지지 않은 채로 뻔뻔하게 얼굴을 들고 활보한다면 진정으로 회개했다고 볼 수 없다.

다섯째, 죄를 토해 내는 것과 같이 죄를 혐오하며(벧후 2:22 참고) 미워해야 한다. 자신의 악한 길과 잘못된 행위를 기억하고, 그 죄악과 가증한 일을 철저히 미워하는 것이다(겔 36:31 참고).

여섯째, 죄로부터 분명히 돌아서야 한다(사 55:7 참고). 그리고 죄에 대해 죽은 상태가 됨으로써 더 이상 죄의 종노릇하지 않아야 한다.

3) 거짓 믿음과 참된 믿음

지금까지 거짓 회개와 구별되는 진정한 회개의 증거를 살펴보았다. 이와 함께 거짓 믿음을 분별하고 참된 믿음에 이르러야 위선자가 되는 것을 방지할 수 있다.

가장 쉽게 볼 수 있는 거짓 믿음의 유형은, 성경적 지식을 가지고 있는 것을 믿음으로 착각하는 경우이다. 예를 들어, 성경의 중요한 교리들을 알고 있는 것으로 믿음을 가지고 있다고 생각한다. 종말의 상황을 지식적으로 아는 것을 가지고 자신에게 종말신앙이 있다고 착각하기도 한다.

여기서 믿음이라는 것은 복음 속에 있는 그리스도를 의지하는 심령의 능동적 활동(action)이다. 그래서 믿음은 '여기에 있다 혹은 저기에 있다'고 할 수 있는 것이 아니라 단지 그 행함으로 드러나야 하는 것이다. 그러므로 믿음이 있는 척하면서 자기의 성경 지식을 자랑하거나 떠벌리는 것은 거짓 믿음이다.

둘째, 심령에 은혜의 작용도 없이 기적이나 외부의 환경에 의해 피상적 믿음을 고백하는 경우이다. 예를 들어, 많은 사람들이 예수님의 기적을 보고 그 이름을 믿었지만 예수님은 그들에게 자신을 의탁하지 않으셨다. 왜냐하면 그들의 심령에 진정한 믿음이 없었기 때문이다(요 2:23,24 참고). 마술사 시몬도 믿고 따랐다(행 8:13 참고). 그러나 그는 많은 사람들이 그렇게 하는 것을 보고 따라 한 것에 불과하다. 그러한 위선은 곧 드러나고 만다. 그 피상성 때문에 구원에 이르는 믿음이 되지 못하는 것이다.

셋째, 믿음이 있다고 말하면서도 육신을 의지하고 신뢰하는 거짓 믿음이 있다. 입술로는 그리스도를 찬양하지만 마음으로는 그리스도에게 결코 가까이 나가지 않는다. 이러한 거짓 믿음을 가진 위선자들은 어려움을 만나게 되면 그리스도에게 도움을 구하는 것이 아니라 사람을 찾아 나서고 인간적인 방법을 동원한다(사 31:1-3 참고). 그들의 심령은 그리스도를 주(Lord)로, 그리고 왕으로 인정하지 않는다(빌 3:3 참고).

넷째, 일시적 믿음(temporary faith)이 있다. 말씀을 받을 때에는 기쁨으로 받지만 환난이나 박해를 당하면 다 포기하는 자들의 믿음이다(마 13:20,21 참고). 어떤 서기관이 예수님께 나아와 "선생님이여, 어디로 가시든지 저는 따르리이다"(마 8:19)라고 말했다. 그러나 예수님은 "인자는 머리 둘 곳이 없다"(마 8:20)라고 답하셨다. 예수님께서는 그 서기관이 어려움이 닥치면 떠날 것을 알고 계셨기 때문이다. 이러한 일시적 믿음도 위선자가 되게 하는 거짓 믿음의 한 종류인 것이다.

이와는 반대로 참된 믿음은 의에 주리고 목마르게 하여(마 5:6 참고) 의를 갈망하고 그리스도의 의의 옷을 입게 한다(롬 13:14 참고). 또한 참된 믿음은 그 심령을 거룩하고도 깨끗하게 하며(행 15:9 참고), 그리스도를 힘입어 살게 하고(행 13:38,39 참고) 그리스도만으로 만족하게 한다(빌 3:8 참고). 그리고 세월이 흐를수록 그리스도의 소중함을 더욱 알고, 약속으로 말미암아 인내하며 기다리게 한다. 참된 믿음은 장차 올 세상을 미리 맛보아 알고 그것으로 즐거워하며 만족하게 한다. 참된 믿음은 작용하여(operative) 일하는 믿음으로 반드시 선을 행하게 한다(갈 5:6 참고).

4) 참된 회심

결국 참된 회심은 은혜와 성결의 뿌리로부터 경건의 열매를 맺게 한다. 따라서 경건의 열매로 참된 믿음과 거짓 믿음, 그리고 참된 구원 백성과 은혜가 결핍된 위선자를 분별할 수 있다.

참된 회심은 진실로 죄를 미워하되 특히 은밀하게 즐기던 죄를 미워하게 하며(딛 3:3,5 참고), 자기를 부정하는 삶을 살게 함으로써 육신적인 것과의 충돌 속에서 성령을 따라 살며 그리스도를 위해 고난받게 한다(갈 5:17,24 참고).

참된 회심은 그의 모든 생각에 변화를 가져다주어 하나님의 약속에 대한 확신을 가지게 하며, 그의 마음을 하나님에게 쏟아

붓는 천성적 마음으로 변하게 한다(빌 3:18-20 참고). 참된 회심은 자신의 마음의 죄 됨과 사악함을 보게 함으로써 진실로 겸손해지게 한다(롬 12:16 참고). 또한 부지런히 자신의 심령을 살피게 하여(Heart Searching) 은혜를 강화하고 부패를 억제하며, 매일 하나님과 동행하는 삶을 살게 한다(갈 6:3,4 참고).

참된 회심은 그 혀가 제어되는 삶을 살게 할 뿐만 아니라 그 언어로 구원에 대한 체험적 진리를 전하고자 하는 열망으로 가득 찬 전도적 열심을 가져다준다(행 16:22,23 참고). 참된 회심은 보다 은혜로운 수단인 하나님의 말씀과 기도에 열중하는 삶을 살게 함으로써 믿음을 강화하고 거룩을 증진시키며 우리의 삶 속에서 죄성을 억제하고 누른다. 그리고 위선자의 관념적 회심과는 달리 참된 회심은 굳건하며 지속적이다(고전 15:58 참고).

5) 반론과 답변

어떤 사람은 참된 회심에 대해서 이렇게 반문할 수도 있다.

"사도행전 2장 21절과 로마서 10장 13절에는 '누구든지 주의 이름을 부르는 자는 구원을 받으리라'라고 기록되어 있는데, 이러한 과정이 왜 필요한 것입니까?"

또는 실제적인 예를 들어서 이렇게 질문할 수도 있다.

"예수님이 십자가에서 돌아가실 때 한 강도는 즉석에서 구원받지 않았습니까? 또 사도행전 16장 31절에 나오는 간수도 즉석에서 구원받았고, 예수님께서도 '이는 그를 믿는 자마다 영생을 얻게 하려 하심이니라' (요 3:15)라고 말씀하시지 않았습니까? 그런데 왜 그리 까다롭고 복잡해야 합니까?"

이 질문에 인용된 본문들은 지금까지 설명한 진정한 회개, 믿음, 회심의 과정들과 맞지 않는 것처럼 보인다. 그러나 이 본문들의 앞뒤 문맥을 살펴보면 진정한 회개와 믿음이 가지고 있는 과정과 요소가 오히려 더욱 분명해진다.

먼저 사도행전 2장 21절을 살펴보자. 이 본문은 "주의 이름을 부르는 자는 구원을 받으리라"라고 말씀하고 있는데 그 앞 구절인 2장 17-20절에서는 누가 주의 이름을 부르는지에 대해 설명하고 있다. 17,18절은 말세에 그 풍성한 하나님의 은혜를 갈망하는 것에 대해 말하고 있다. 이는 하나님을 더욱 찾고 섬기기를 소망하면서도 그 능력이 없음을 철저히 자각하는 자를 가리킨다.

마치 예레미야 31장 31-34절에서와 같이, 하나님께 순종하려고 하지만 그 능력이 없어서, 순종할 수 있게 하는 성령의 은혜를 기다리는 자와 같다. 그래서 주의 이름을 부르는 것이다.

또한 19,20절에서는 주의 이름을 부르는 자들은, 하나님의 심판에 대한 무서움과 두려움으로 인해 그것을 피하고자 주의 용서와 자비를 소망하며 갈망하는 자들이라고 말한다.

또 다른 본문으로 로마서 10장 13절의 "주의 이름을 부르는 자는 구원을 받으리라"라는 말씀의 문맥을 살펴보자.

로마서 10장 9절에서 '마음에 믿으면'이라는 것은 양자의 영인 성령의 역사가 벌써 임했다는 것을 의미하고(롬 8:15 참고), 또한 그 믿는다는 것은 복음에 대해 순종하는 것을 의미한다(롬 10:16 참고). 즉, 자신이 죄인임을 철저히 깨닫고 그 구원을 갈망하는 가운데 하나님이 마련하신 구원의 도에 그대로 항복하고 그것을 받아들이는 순종을 뜻한다.[1]

따라서 주의 이름을 부르는 사람들은 이미 은혜의 소중함을 알고 갈망하여 부르는 것이다. 그러므로 사람들이 따라 하라고 해서 아무 생각 없이 따라 하고 그것을 그대로 따라 했다고 해서 '구원받았다'고 쉽게 선포하는 오늘날의 전도법은 한 영혼이 주께로 돌아오는 데 역사하시는 성령을 무시하는 처사이다. 오늘날의 이러한 잘못된 복음전도는 펠라기우스의 신학에 영향을 받은 것으로, 오히려 위선자가 생겨나는 것을 부추기고 있다.

또한 예수님의 십자가 바로 옆에 달려 있던 구원받은 강도를 생각해 보자.

"[39]달린 행악자 중 하나는 비방하여 이르되 네가 그리스도가 아니냐

---

[1] 청교도들은 이를 복음 초청(Gospel Offer)에 대한 순종으로 표현한다. 청교도 윌리엄 거스리(William Guthrie)의 *The Christian's Great Interest*를 참고하라.

너와 우리를 구원하라 하되 [40]하나는 그 사람을 꾸짖어 이르되 네가 동일한 정죄를 받고서도 하나님을 두려워하지 아니하느냐 [41]우리는 우리가 행한 일에 상당한 보응을 받는 것이니 이에 당연하거니와 이 사람이 행한 것은 옳지 않은 것이 없느니라 하고 [42]이르되 예수여 당신의 나라에 임하실 때에 나를 기억하소서 하니 [43]예수께서 이르시되 내가 진실로 네게 이르노니 오늘 네가 나와 함께 낙원에 있으리라 하시니라"(눅 23:39-43).

여기서는 구원받은 강도의 고백을 주의 깊게 살펴보아야 한다. 먼저 40, 41절에서 그는 자신의 죄를 인정하고 그 죄로 인한 심판과 하나님을 두려워하고 있다. 죄의 질책을 받고는 그 심령이 철저히 겸비하고 낮아진 것이다. 그러면서 그는 42절에서 '당신의 나라에'라고 말한다. 예수가 구원자이며 예수의 은혜로 구원받을 수 있다는 것과 그 자비로우심이 자신을 용서해 줄 수 있고 자신의 죄를 덮어 줄 수 있다는 믿음의 고백을 하고 있는 것이다.

이러한 강도의 신앙고백에는 진정한 회개와 믿음이 담겨 있다. 그래서 43절에서 예수님은 그의 구원을 선포하신 것이다. 이 구원받은 강도의 신앙고백은, 오늘날의 전도나 대중 집회에서 흔히 볼 수 있는, 심령의 진정한 변화 없이 주위 상황과 분위기 때문에 하는 고백과는 철저히 구별되어야 한다.

사도행전 16장 31절의 간수도 마찬가지이다. 그도 구원받은 강도처럼 죄의 질책과 두려움 가운데 있다가 "내가 어떻게 하여야 구원을 받으리이까"(행 16:30)라고 울부짖으면서 복음에 대해 순종하였던 것이다.

다음으로 오늘날 전도할 때 사용하는 가장 대표적인 구절인 요한복음 3장 15절 말씀을 살펴보자.

"이는 그를 믿는 자마다 영생을 얻게 하려 하심이니라."

이것 역시 그 앞 절에 나오는 예수님의 말씀과 연결해서 보아야 한다. 예수님은 요한복음 3장 13,14절에서 '믿는 것'이 무엇인지를 정의해 주신다. 특히 14절에서는 민수기 21장 4-9절의 말씀을 인용하여 "모세가 광야에서 뱀을 든 것같이 인자도 들려야 하리니"라고 말씀하신다.

이스라엘 백성은 하나님을 원망하다가 불뱀에 물려 죽게 되자 잘못했다고 하면서 뱀을 자신들에게서 떠나게 해 달라고 간구한다. 그러자 모세는 여호와께로부터 구원의 방편을 받아 놋뱀을 만들어 장대 위에 매달아, 물린 자마다 그 놋뱀을 쳐다봄으로써 살게 하였다. 즉, 여호와께서 마련하신 구원의 방편을 믿고 순종하여 그 놋뱀을 바라보는 자는 살고, 이러한 방편을 인정하지 않은 채 고집 부리면서 그것을 바라보지 않는 자는 죽는 것이다.

마찬가지로, 하나님께서는 예수 그리스도를 구원의 방편으로 우리에게 주셨다. 뱀에 물린 자와 같이 구원을 갈망하고 그것을 받아들이는 자는 구원을 얻으며, 구원의 필요성을 모르거나 그 구원의 수단을 우습게 여기고 자신의 의로움과 이성을 더욱 의지하는 자는 멸망하는 것이다.

그러므로 여기에서 믿는다는 것은, 이미 성령께서 죄인의 영혼을 위해 일하심으로써 그리스도가 왜 필요하며 얼마나 귀한 분인지를 깨닫고 있다는 것을 전제로 한다. 결국 믿음은 성령의 은혜의 작용의 결과이기에 하나님의 선물이다(엡 2:8 참고).

따라서 아무런 생각 없이 쉽게 고백하거나 그러한 고백을 근거로 하여 구원을 선포하는 것 모두 경솔한 행위이다. 참된 회개와 믿음의 증거들이 나타날 때까지 먼저 그들에게 충분한 진리의 지식을 심어 주고, 진정한 성령의 질책과 겸손케 하는 역사를 통하여 그 영혼이 신령한 것에 눈을 떠 음미하고 갈망할 수 있도록 도와주어야 한다. 그렇게 할 때 위선자들이 생겨나는 것을 막을 수 있다.

3. 참된 그리스도인의 생활

내적인 은혜의 역사는 반드시 그리스도인의 생활 속에서 열매로 나타나게 되어 있다. 위선자들도 어느 정도는 그것을 흉내 낼 수 있지만, 그 은혜가 없으므로 지속적이지 못하여 결국 그 실체가 드러나고 만다. 따라서 참된 그리스도인의 덕목을 통하여 위선자를 분별할 수 있으며, 자신의 은혜를 점검할 수 있고, 은혜가 결핍되어 위선자가 되지 않도록 사람들을 도와줄 수 있다.

1) 겸손한 순종

'새롭게 태어나는(New Birth)' 가운데 하나님의 의로운 법이 우리의 심령에 새겨진다(렘 31:33 참고). 그리고 성령의 역사로 그 법이 우리의 생각과 몸을 지배하게 되고, 그 길을 걸어감으로써 하나님 아버지의 자녀임을 드러낼 수 있다.

또한 하나님의 법의 거룩함과 의로움과 선함과 신령함을 깨달아 그것을 통해 어떻게 하나님을 진정으로 사랑할 수 있는지를 터득하게 된다(요일 5:1,2 참고). 그래서 그 법이 무겁고 짜증나는 것이 아니라 삶의 원리로 자리잡는 것이다.

또한 이미 살펴본 바와 같이 회심에 이르는 영적 과정 속에서 하나님의 거룩하심이 우리의 죄를 질책하고, 그 새로운 삶이 우리로 하여금 하나님을 경외하면서 정직하게 행하고 거룩을 추구하게 한다(벧전 1:15,16 참고).

따라서 그리스도를 안다고 하면서도 옛 생활과 구습을 버리지 못하는 자는 위선자요, 입으로는 복음에 대해 말하면서도 하나님의 법을 따르지 않는 자는 행위로 하나님을 부인하는 위선자이다(딛 1:16 참고). 또한 성경에 대한 중요한 교리적 지식을 가지고 있지만 차지도 덥지도 않은 채로 교회에 출석이나 하는 자는 그 지식으로 전혀 유익을 얻지 못하는 명목적 신자로서(히 4:2 참고), 위선자가 될 소지가 크다.

하나님이 우리로 회개와 믿음을 통하여 신의 성품에 참여하는 자가 되게 하셨으므로 우리는 반드시 영적 진보를 나타내야 한다. 영적 진보는 은혜의 정도와 개인에 따라 차이가 날 수 있지만 그 덕목은 분명하다. 베드로후서 1장 4-7절에 의하면 그 덕목들은 믿음, 덕, 지식, 절제, 인내, 경건, 형제 우애, 사랑이다. 이 덕목들을 나타내는 것이 우리의 책임이다. 따라서 열매 맺기에 게으르지 말고 더욱 힘써야 한다.

이것은 하나님께서 우리에게 베푸신 은혜에 대해서 우리가 얼마나 신실하고도 겸손한지를 보고, 또 죄와 싸워 이기는 우리의 모습을 보고자 하시는 하나님의 지혜이다. 게으르고 열매가 없는 자는 맹인으로서, 자신의 옛 죄가 깨끗하게 된 것을 잊어버리고 여전히 죄 가운데 거하는 위선자로 판명될 것이다(벧후 1:8-11 참고).

반면 하나님의 은혜를 귀하게 여기는 자는, 두마음 혹은 가증한 마음이 아니라 한마음으로 주를 기쁘시게 해 드리기 위해 육신적 즐거움을 포기하고 그 의무를 다할 수밖에 없다. 그러므로 이러한 영적 진보의 증거가 그리스도인의 삶 속에 반드시 나타나야만 하는 것이다.

또한 이렇게 영적 진보를 요구하시는 것은 우리로 교만에 빠지지 않게 하시려는 하나님의 은혜이기도 하다. 왜냐하면 이러한 의무는 우리의 자연적 능력으로 감당할 수 있는 것이 아니기에 더욱 부지런하고도 겸손하게 주를 힘입어 의지해야 하기 때문이다.

우리가 경건의 열매를 맺기 위해 힘쓸수록 주께 더욱 매달리게 되며, 이러한 영적 진보를 통해 의의 열매를 맺을 때에 그 모든 것을 우리의 능력이 아니라 주의 공로로 돌릴 수 있게 된다.

반면 위선자들은 주의 일을 하고 의무를 감당했다 하더라도 결국 그 공로를 자신에게 돌리며 그 의를 주장한다. 이것은 은혜로 한 것이 아니라 자신들의 의로움으로 한 것이기 때문이다(마 7:22,23, 25:44 참고). 따라서 하나님의 법을 사랑하고 즐겁게 지키며 더욱 힘써 거룩함과 영적 진보를 이룸으로써 위선자가 되지 않도록 힘써야 한다.

2) 자기 부정(Self-Denial)

예수 그리스도를 따라가기 위해서는 반드시 자기 부정을 실천해야 한다. 이것은 진정으로 거듭난 은혜의 증거이며 위선자들이 흉내조차 낼 수 없는 특징이다.

우리에게는 자기 부정을 통해 포기해야 할 것들이 있다. 이것은 우리 스스로 높아지거나 자기 의에 빠지지 않게 하고 하나님께 완전히 순복하도록 하기 위한 은혜의 안전장치들이다. 또한 이것은 우리가 그리스도와 함께 죽었으며 그 후로는 날마다 실천적으로 죽으며(고전 15:31 참고) 신학적으로 죄와 싸워서 죄성을 뽑아내는(Mortification) 것으로서, 회심의 진정성을 증명해 주기도 한다.

그러나 위선자들은 은혜가 없으므로 자기 부정을 행할 수 없다. 따라서 자기 부정은 위선자를 분별하는 도구가 될 수 있다.

그렇다면 어떻게 자기를 부정하는가? 좀 더 구체적으로 살펴보자.

먼저, 우리의 이성(Reason)을 부정해야 한다(마 22:23-33 참고). 이 말은 이성을 없애라는 것이 아니라 이성을 부정하라는 것이다. 즉, 우리의 얄팍한 지식에 의존해서 하나님을 제한하지 말라는 것이다. 또 어떤 이성적인 근거로 하나님에게 이유와 핑계를 대거나 우리의 이성적인 계산으로 하나님을 판단하지 말라는 것이다.

하나님은 처음부터 이러한 인간들의 좁고 게으르고 핑계 대기 좋아하고 빈정대며 교만한 속성을 알고 계셨다. 그래서 하나님의 지식에 굴복하지 않고서는 믿지 못하도록 하는 조처를 취하셨다. 예를 들어 '삼위일체', '동정녀 탄생', '부활' 등은 우리의 이성과는 맞지 않는 교리들이다.

이와 같이 믿음의 원리는 이성과 반대되는 것이 아니라 그것을 훨씬 초월하고 능가하는 것이다. 그러므로 우리의 이성으로 하나님을 제한하거나 믿음을 밀어내서는 안 된다.

두 번째, 우리의 뜻과 의지(Will)를 부정해야 한다. 회심의 역사 속에서 이미 뜻과 의지의 갱신이 일어났다. 그래서 예수님을 따르는 것은 자신의 뜻과 의지를 예수님 앞에 다 포기한다는 것을 전제로 한다.

세 번째, 언제든지 그리스도인들은 자기 의를 부정해야 한다(빌 3:9 참고). 반면 위선자들은 자기가 무언가를 했다고 자긍하며 그것에 마음을 두고 스스로 의로움에 빠진다. 누가복음 18장 11절에 나오는 바리새인은 하나님을 믿는 것을 도덕으로 생각하고는 자신의 의에 빠져 교만하게 되었다. 또 누가복음 10장 40절의 마르다는 하나님의 말씀을 듣는 것보다 봉사하는 것에만 열중하다가 자기도 모르는 사이에 자기 의에 빠져서 예수님과 자기 동생을 판단하게 되었다.

이와 같이 때로는 교회에서 직분을 받아 봉사하지만 은혜의 신선한 공급이 없이 세월이 흐르다가 결국 자기 의에 빠져 교회의 주인인 예수님을 몰라보고 자신이 주인인 것처럼 행동하게 되는 사람도 있다(롬 10:3 참고).

네 번째, 자기 확신을 부정해야 한다. 베드로는 예수님을 떠나지 않고 끝까지 남아 죽음도 불사하겠다고 큰소리쳤지만 결국 예수님을 부인하고 만다(마 26:34 참고). 자신을 과신하고 자기의 능력을 믿었기 때문이다. 이것은 주님의 은혜를 붙잡지 않는 교만함이다. 우리는 예수 그리스도 앞에 가는 날까지 한시도 방심할 수 없으며 높은 마음을 품어서는 안 된다(롬 11:20, 고전 10:12 참고).

다섯 번째, 자기 환상(Self-Conceit)을 부정해야 한다. 사람들은 다른 사람들에게 인정받거나 칭찬을 받을 때 자기 환상에 빠진다. 그리고 그런 마음은 예수 그리스도를 떠나 헛된 길로 빠지게 한다(욥 11:12, 삼상 15:30 참고).

그런 사람은 하나님의 영광을 위해서가 아니라 사람을 의식해서 교회에서 봉사하고, 자신을 속이는 외식에 젖어 들어 항상 이중적으로 살아간다. 교회에서는 믿음 좋은 모습을 보이지만, 가정과 사회에서는 완전히 다른 얼굴로 살아가는 것이다. 또한 사람들이 인정하지 않을 때는 다른 사람에게 상처를 주어 교회의 걸림돌이 된다. 자기 사랑에 빠져 있기 때문이다.

따라서 우리는 어떤 수고를 하더라도 그것을 확대해서는 안 되며, "마땅히 하여야 할 일을 한 것뿐이라"(눅 17:10)라고 고백해야 한다.

여섯 번째, 자신의 욕정을 부정해야 한다. 위선자들은 자신의 배를 신으로 섬긴다(빌 3:19 참고). 그리고 자신의 육신의 정욕에 모든 정성을 쏟아 부으면서 그것에 헌신하며(갈 6:8 참고), 맛있는 음식이나 술 등으로 자신의 몸을 즐겁게 하는 데 최선을 다한다(벧후 2:13-18 참고).

그들은 자기 이익을 위해서는 모든 수단과 방법들을 동원해 순진한 사람들을 속이고 이용하여 끝내 자신의 목적을 이루려고 한다. 그들은 아주 얌체일 뿐 아니라, 남을 이용하는 데 전문가이기도 하다(롬 16:18 참고).

예수님께서는 이것에 대해 구체적으로 경고하셨다.

"너희는 스스로 조심하라. 그렇지 않으면 방탕함과 술취함과 생활의 염려로 마음이 둔하여지고 뜻밖에 그날이 덫과 같이 너희에게 임하리라"(눅 21:34).

따라서 우리는 동물과 같이 욕정에 사로잡히지 않도록(롬 1:24-27 참고) 경계하며 하나님께서 주신 양심으로 점검해야 한다.

일곱 번째, 편하고 쉬운 것 위주로 사는 삶을 부정해야 한다. 이것은 게으름의 원조로서(잠 1:22, 19:24 참고), 마귀에게 자기 자신을 내주는 것과 같다(벧전 5:8 참고).

그리스도인들이 게으름을 피하여 열심을 내어 경건한 삶을 사는 것은 하나님께 자신의 의지를 드리는 것이다(대상 22:16 참고).

반면 게으른 것은 하나님이 베푸신 은혜에 감사하지도 않고, 그 은혜를 소중히 여기지도 않으며 그 은혜에 응답하지 않고, 그 은혜를 헛되게 만드는 악이요, 결국 심판의 대상이 된다(고전 15:2 참고). 그러므로 쉽고 편한 것만 추구하는 게으름은 구원의 은혜에 대한 위험 신호이며 위선자의 길로 들어서게 한다.

"부지런하여 게으르지 말고 열심을 품고 주를 섬기라"(롬 12:11).

여덟 번째, 육체의 지혜(정치적인 지혜)를 부정해야 한다(고후 1:12 참고). 왜냐하면 이것은 아주 간교하기 때문이다.

예를 들어, 정치가들은 적이 없다. 언제든지 적이 동지가 되고, 동지가 적이 된다. 교회에서도 마찬가지이다. 서로 그렇게 미워하다가도 동일한 적이 나타나면, 그들은 언제 그랬냐는 듯이 쉽게 동지가 되고 당을 짓기도 한다(고전 3:3,4 참고). 이것은 뱀이 자기가 가는 길을 전혀 알려 주지 않고 이리저리 꼬불꼬불하게 가는 속성과 같다. 진정한 그리스도인은 한결같은 마음으로 순결하고도 진실해야 하며, 반드시 정직하고 일관성을 유지하려고 애써야 한다.

아홉 번째, 그리스도인은 반드시 자신의 범위를 넘어서는 열정을 부정해야 한다. 이러한 열정들은 혀로 나타나서 갑자기 말이 많아져 쉴 새 없이 지절거리게도 하고(약 1:26 참고), 어떤 잘못된 사실을 갑자기 말하고 싶어서 못 견디게 만들기도 하며, 때로는 자신을 변호하려는 강한 인간적인 열망으로 아무라도 붙잡고 자신의 정당성을 설명하며 쉴 새 없이 지절거리게 하기도 한다. 그러면서 그 혀의 독이 그 몸을 죄로 완전히 감염시키고 마는 것이다(약 3:6-8 참고).

그러한 악은 한 개인에게서 다른 사람에게로 전염되어 순식간에 교회를 악으로 물들이고 서로 싸우고 분쟁하게 한다. 사람들은 마귀적 혈기 때문에 이성조차 잃어버리고 지옥 불의 열기에 함께 춤추게 된다. 또한 이러한 지옥의 열정은 그리스도인의 의무를 망각하게 하고 기도를 싸늘히 식게 만든다.

오순절에 성령님이 강림하실 때 불의 혀같이 임하셔서 이 지옥의 속성을 태운 이유가 여기에 있다. 따라서 그리스도인은 이러한 '악한 일에 그들의 열정이 일어나지 않도록'(시 141:4 참고) 철저히 경계해야 한다.

열 번째, 그리스도인은 세상의 악한 유행이나 풍속을 따라서는 안 된다(롬 12:2 참고). 이것은 그 심령이 헛된 것에 마음을 두고 있다는 증거이다(딤전 2:9, 3:11 참고). 하나님께서는 이것에 대해 엄중히 경고하셨다(사 3:16-26 참고). 그러므로 우리는 이 땅의 허영의 도시에서 살고 있음을 기억하고, 세속에 물들지 않는 경건을 지녀야 한다.

열한 번째, 자기의 이기적 의견을 부정해야 한다. 이것은 자신이 다른 그리스도인보다 더욱 지혜롭다고 생각하는 데에서부터 나온다. 그러한 성질은 교만하기 때문에 다른 사람에게 매우 쌀쌀맞으며 다른 사람과 충돌하여 싸우기도 하고, 늘 남의 이야기로 시간을 보내며 다른 사람을 정죄한다(딤전 3:6 참고). 또한 이것은 자신의 무지함을 전혀 인정하지 않는 데서 나오는데(잠 26:12 참고), 결국은 자기 자신까지도 속이게 된다(고전 3:18 참고).

이것이 심해지면 교회에서 자기 주장만을 고집하는 사람이 되어 사탄의 앞잡이 노릇을 하며 혈기 왕성해지다가(엡 2:1-3 참고), 결국 고라의 반역과 같은 일을 하게 된다(민 16:3 참고). 위선자 가운데서도 가장 지독한 위선자가 되는 것이다.

열두 번째, 자기만의 이기적 이익 추구를 부정해야 한다. 즉, 세상적 이익과 영광의 추구를 부정하는 것이다(요일 2:15,16 참고). 우리는 '경건을 이익의 방도로'(딤전 6:5) 생각해서는 안 된다. 가룟 유다는 복음을 증거하고 기적도 행했지만 그의 눈은 주로 돈지갑을 향해 있었다. 성경에서는 이러한 자들을 '벙어리 개'(사 56:10)라고 부르기도 한다.

열세 번째, 물질이 번성하는 시기에 그리스도인은 이기적 관심을 부정해야 한다(시 30:6 참고). 영적인 것보다 세상적인 것으로 만족하려는 것은 위험하다(잠 1:32 참고). 그런 사람은 자기의 욕구를 자꾸 확대해 나가기 때문이다. 그러므로 반드시 이기적인 모든 요소가 부정되어야 한다.

일반적으로, 번성할 때에는 하나님께 투자하지 않고 나의 육적인 편리함과 즐거움에 투자함으로써 하나님께서 주시는 복을 원래의 목적과는 반대로 사용한다(눅 16:19, 약 5:5 참고). 그러므로 그리스도인은 '재물이 늘어도 거기에 마음을 두지 않도록'(시 62:10 참고) 더욱 주의해야 한다.

열네 번째, 모든 경건하지 않은 것을 부정해야 한다(딛 2:11,12 참고). 경건하지 않은 욕정들은 악의, 복수심, 탐욕, 깨끗하지 못한 더러움, 미신적이거나 이단적인 것들이다(엡 5:3-5 참고). 이것뿐만 아니라 감각적인 대화나 세상의 노래들도 마음을 오염시키고 더럽게 만든다. 그리고 지나친 오락은 마음을 헛되게 만들며(딤전 5:6 참고), 특히 복수심은 그리스도인이 절대로 품어서는 안 될 사탄적인 것이다(벧전 2:21,23, 살전 4:6, 롬 12:19 참고).

열다섯 번째, 그리스도인은 그리스도에게 반대되거나 경쟁적인 인간관계를 부정해야 한다(눅 14:26 참고). 자식, 남편, 아내, 부모를 주님보다 더 사랑해서는 안 된다(창 22장, 삼상 1장 참고). 엘리 제사장같이 자식을 징계하는 데 머뭇거리며 육적인 감정으로 흐지부지하는 것도 위험하다(삼상 2:29,30, 3:13 참고). 또한 헛된 친구들을 사귀지 말아야 한다(시 15:4 참고). 왜냐하면 그들로 인해 육적인 성향이 다시 불 일듯 하여 구원의 은혜가 손상될 수도 있기 때문이다(롬 8:13 참고).

열여섯 번째, 그리스도인들은 남의 일에 간섭하거나 말하는 것으로부터 자기를 부정해야 한다(벧전 3:10, 4:11 참고). 집집마다 돌아다니면서 남의 이야기로 시간을 보내는 사람은 믿음을 저버리고 심판을 기다리는 자와 같다(딤전 5:13,22 참고). 또 급한 마음에서 나오는 비방 역시 가장 경건하지 않은 것 가운데 하나이다(약 4:11, 렘 18:18 참고).

이렇게 자기를 부인한다는 것은 좁은 문을 통과한 이후 협착한 길로 계속 가는 것을 말한다. 따라서 이러한 협착한 길은 스스로 우상이 되어 세상 즐거움에 취해 있거나 육적인 자아를 가진 상태로는 절대로 갈 수 없는 길이다(마 7:13,14, 눅 13:24, 롬 6장, 딛 2:11-14 참고).

그러나 대부분의 위선자들은 자기가 살고 있는 세상의 재미에 매우 관대하며, 말씀에 순복하기보다는 자꾸 인간적 원리를 내세워 자기를 변호하고 감싸려고 한다. 그리고 자신의 죄성을 도려내는 아픔을 감수하기보다는 자기의 마음을 위로하는 헛된 말들에 더욱 귀를 기울인다(딤후 4:3 참고).

그들은 '경건에 관한 교훈을 따르지 아니'(딤전 6:3)하며 안일한 것을 매우 좋아하고 감각적인 자들로 남아 있기를 원한다(암 6:4,5 참고). 또한 에서처럼 큰 구원의 은혜를 이 세상의 잠깐의 즐거움을 위하여 팔아넘긴다(히 12:16,17 참고). 결국 이러한 위선자들에게는 하나님의 진노만이 있을 것이다(계 18:7,8 참고).

자기 부정은 우리의 나그넷길과 같은 믿음의 여정에서 구원받은 믿음의 진정성을 드러내 준다. 주님께서 "믿음을 보겠느냐"(눅 18:8)라고 하실 때 우리는 자기 부정의 열매를 드릴 수 있다.

물론 그리스도인이 자기 부정의 의무를 이행할 때 얼마나 부정해야 하느냐는 질문에 봉착하게 되지만, 여기에 대해서도 이미 예수 그리스도께서 모범을 보이셨다. 빌립보서 2장 7,8절 말씀에 의하면, 그리스도는 그의 이름을 포함해 모든 것을 부정하셨고 '부끄러움을 개의치 아니'(히 12:2)하셨으며, 가난하게 되셨고 복종하시기 위해 생명도 부정하셨다.

결론을 내리자면, 위선자들은 엄청난 지식을 가지고 믿음이 있는 척할지라도 자기 부정에 이르지는 못한다. 따라서 자기 부정은 진실한 그리스도인의 표식으로서 우리를 구원의 길에 안전히 거하게 해 준다.

3) 십자가를 지고 인내하는 삶(Patience in Crossbearing)

십자가를 지는 삶을 사는 것은 자기 부정보다 더 어려운 일이다. 그러나 십자가를 지는 삶은 구원의 은혜를 입은 사람이 순종을 배우며 예수를 온전히 닮아 가기 위해 반드시 필요하다. 또한 이를 통해 위선자를 분별할 수 있을 뿐만 아니라, 위선자가 되는 위험으로부터 자신을 안전하게 지킬 수도 있게 한다.

십자가는 우리를 더욱 겸손하게 하고, 그리스도 안에서 더욱 강해지게 하며, 환난과 고난 속에서 그리스도를 아는 지식이 더욱 깊어져 육신을 의지하지 않고 예수를 우리의 피난처로 삼게 한다(시 30:6,7 참고).

또한 십자가는 우리로 더욱 소망을 갖게 하는데, 이때 인내가 그 은혜의 증거가 되어 우리에게 소망을 가져다준다. 그리고 그 소망이 환난이나 핍박이나 그 어떤 것도 그리스도의 사랑에서 우리를 끊을 수 없다는 것을 깨닫게 한다(롬 8:39 참고).

그러나 위선자들은 원망과 불평으로 그 속에 자신들의 욕심이 있었음을 스스로 드러내고 만다. 그리고 그 조급함으로 인해, 이미 베푸신 귀한 하나님의 은혜를 포기하고 만다.

또한 십자가는 과연 우리가 주의 계명을 '지키는지 지키지 않는지'(신 8:2)를 확인하시는 하나님의 영적 잣대이다. 아브라함에게 그의 아들 이삭을 바치라고 명령하심으로써 그 심령이 하나님을 사랑하는지를 확인하셨던 것처럼(창 22:12 참고), 십자가는 순종이 우리의 영적 습관(spiritual habit)으로 자리잡게 한다.

또한 십자가는 경건의 연습을 하게 한다. 운동선수가 운동을 게을리 하면 몸에 지방이 많아져 둔해지고 게을러지는 법이다.

그래서 십자가가 우리로 게으르지 않고 깨어 있게 한다. 바울이 자신의 '몸을 쳐 복종하게'(고전 9:27) 한 이유도 바로 이것이다. 다 되었다고 하면서 모든 의무를 게을리 하는 사람은 결국 자기 기준에서 종교적 행위를 한 위선자들일 뿐이다.

십자가는 회개의 삶을 이룬다. 회개는 회심할 때에 우리의 영혼의 습관으로 자리잡아 전체의 삶 속에서 나타나는 것이다. 따라서 "주의 징계하심을 경히 여기지 말라"(히 12:5)라는 말씀과 같이 십자가는 우리의 죄악을 바로잡기 위해 절대적으로 필요한 것이다. 이를 통해 우리는 더욱 '거룩함을 따르'(히 12:14)고 결국 주 앞에 기쁨으로 서게 될 것이다(유 1:24 참고).

이렇게 십자가는 자기 부정과 함께 위선자를 구별하는 결정적인 은혜의 수단이다. 바울은 로마에 있을 때 자기 주위에 있는 사람들 거의 모두가 자기의 일만을 구하고 그리스도 예수의 일을 구하지 않음을 한탄하였다(빌 2:20 참고). 그들은 비록 그리스도의 사역자들이었지만 자신의 일을 우선시하였으며 자신의 이익이 항상 먼저였고, 그리스도의 영광과 교회를 세우는 일은 뒷전으로 여긴 것이다. 그들은 십자가를 지는 것을 거부하는 위선자들이다.

4) 천성을 바라보는 삶(Heavenward Life)

참된 그리스도인들은 이 땅의 헛됨을 철저히 자각하고 있다. 물론 이것은 현재 우리가 사는 이 땅에서의 삶을 완전히 부정하라는 것이 아니다. 왜냐하면 하나님은 자신의 자녀에게 이 땅에서 필요한 것을 공급해 주시는 복을 베푸시기 때문이다. 따라서 이것을 부정하라는 것이 아니라 올바르게 사용하고, 우리의 목표가 이 땅이 아니라 천성에 있음을 기억하라는 것이다.

현재 이 땅의 삶을 극단적으로 너무 과대평가하거나 무시하지 말아야 한다. 우리의 심령은 천성의 삶과 이 땅의 삶을 비교해서 영원한 것을 바라보고 상대적으로 이 땅의 일시적인 것을 포기하고 희생할 수 있어야 한다.

뿐만 아니라 우리는 구원이 완성될 날을 바라보며, 주께서 영광 가운데 이 땅에 다시 오실 것을 기대하고 있다. 따라서 우리는 이 땅의 화려함과 '세상 물건을 쓰는'(고전 7:31) 즐거움에 빠져서는 안 된다. 천성을 바라보면서, 그리고 의로운 재판장이 주실 의의 면류관을 기대하면서 이 땅에서 우리를 부르신 뜻을 좇아 선한 싸움과 달려갈 길을 끝까지 달려가고 믿음을 지켜야 한다(딤후 4:7,8 참고).

천성을 바라보는 삶은 이 땅에서 고난받는 것을 두려워하지 않으며 믿음으로 뚫고 돌진하는 삶이다. 이것은 때로 죽음도 무서워하지 않는다(히 11:35 참고).

그러나 위선자들의 눈에는 천성이 보이지 않는다. 그래서 참된 그리스도인들처럼 행해야 할 필요조차도 느끼지 못한다. 위선자들은 이 땅의 재물에 마음을 두고 그 재산과 가옥을 늘리기 위해 열심을 내며, 심지어 자손들에게까지 재물을 남겨 주기 위해 땅과 가옥을 온통 '자기 이름으로'(시 49:11) 만든다. 그러면서도 그들은 철저한 종교적 행위로 자신들의 이러한 탐욕을 숨기고 경건한 척하는 것이다. 그러나 이것은 스스로 양심의 가책을 달래기 위한 것에 불과하다.

그 예로, 예수님을 찾아온 부자 청년을 생각해 보자. 그는 영생에 대하여 질문하였다. 그는 분명 종교적 행위를 열심히 이행하는 자였으며 어려서부터 계명을 철저하게 지켰다. 그러나 그에게 가장 중요한 것은 재물이었다. 그의 종교적 행위는 재물을 유지하기 위한 하나의 방편이었던 것이다. 그래서 그 재물로 인해 자신을 따를 수 없음을 아신 예수님께서 재물을 포기하라고 하시자 그는 예수님을 따르는 것을 포기했다 (눅 18:18-23).

위선자가 되지 않기 위해서는 천성이 우리 심령의 목표 지점으로 똑똑히 보여야 한다. 데마는 천성이 희미하게 보였거나 보이지 않았기 때문에 세상으로 가 버리고 말았다(딤후 4:10 참고). 발람은 그리스도를 예언하는 하늘의 신령한 은사까지 소유했지만 그의 눈에는 천성이 보이지 않아서 삯을 위하여 어그러진 길로 가 버리고 말았다(유 1:11 참고).

이와 같이 천성을 바라보는지의 여부로 위선자를 분별할 수 있으며, 진정한 그리스도인인지를 확인할 수 있다.

⚜

지금까지 우리는 참된 그리스도인의 표식을 통해 위선자를 분별하고, 그들이 회개하여 참된 그리스도인의 표식을 가질 수 있도록 인도해야 함을 살펴보았다. 그런데 이러한 참된 그리스도인의 특징을 살펴보면서 우리는 마음속으로 누가복음 13장 23절과 18장 26절에 나오는 것처럼 이렇게 질문할 수 있을 것이다.

"이러한 표식을 가지는 것은 쉬운 일이 아니다. 과연 얼마나 많은 사람이 이러한 참된 그리스도인의 표식을 가지고 있겠는가? 또 구원의 길이 이렇게 힘들다면 구원 얻을 자가 과연 얼마나 되겠는가?"

베드로전서 4장 18절에서도 이러한 질문을 발견할 수 있다.

"의인이 겨우 구원을 받으면 경건하지 아니한 자와 죄인은 어디에 서리요."

이러한 질문에 대한 첫 번째 대답은, 믿음으로 의롭게 된 것 자체가 그 심령에 의로움의 습관을 형성해서 거룩해지도록 힘쓰게 하며 성화의 의로움으로 열매를 맺게 한다는 것이다. 그러므로 이것은 어렵고 쉬운 문제가 아니라 의로움의 근거인 예수 그리스도를 더욱 의지하는 것과 성령을 따라 사는 것에 달려 있다. 즉, 이 구절들은 실제로 위선자는 물론이거니와(겔 33:31, 딤후 3:5 참고) 경건하지 못한 자들이 멸망당할 것이라고 말하는 것과 같다.

그렇다면 경건하지 못한 자는 누구인가?

첫째로, 공개적인 죄 가운데 사는 자들이다. 음행과 더러운 것과 호색과 우상 숭배와 주술과 원수 맺는 것과 분쟁과 시기와 분냄과 당 짓는 것과 분열함과 이단과 투기와 술취함과 방탕함을 행하는 사람들은 절대 하나님의 나라를 유업으로 받을 수 없다(갈 5:19-21 참고).

둘째로, 주일 성수를 우습게 여기고 경멸하는 자들도 그 심령에 거룩의 습성이 없음을 스스로 증명하는 경건하지 못한 자로, 심판을 피할 수 없을 것이다(사 56:2-4 참고).

셋째로, 부주의하고 생각이 없는 자들도 경건하지 않은 자이다. 심령이 하늘에 전혀 있지 않고 이 땅에만 매여 있는 이러한 사람들도 경건과는 거리가 멀어 하나님의 심판의 대상이 된다(골 3:1 참고).

넷째로, 듣기만 하고 행하지 않는 자 역시 심판을 피할 수 없다(약 2:17, 4:17, 눅 9:26 참고).

다섯째로, 하나님의 심판에 대해서 왈가왈부하고, 교리가 배타적이고 협소하다고 불평하며 스스로 환상적인 교리(men-centered doctrine)를 만들어 그것을 근거로 자신이 구원받았다고 착각하면서 교만하게 사는 사람들 역시 심판을 피할 수 없다.

이렇게 참된 그리스도인의 표식과 그것에 미치지 못하는 위선자들의 특징을 살펴보았다.

그러나 아직까지 이러한 의문이 남아 있다. "참된 그리스도인이라도 그 은혜의 정도에 따라 성화의 정도가 다를 것인데, 연약한 어린아이와 같은 그리스도인과 위선자를 어떻게 구별할 수 있는가?"

위선자를 분별하는 것은 연약한 자를 판단하여 쓰러뜨리는 일이 없도록 하기 위해서도 필요하며, 참된 그리스도인이라도 은혜의 정도가 얕아서 위선자와 비슷하게 보이기도 하기 때문에 이러한 사람을 정죄로 몰고 가지 않기 위해서도 필요하다. 따라서 이 중요한 질문에 대한 답을 다음 장에서 살펴보기로 하자.

5장
은혜의 정도에 따른 참된 그리스도인과 위선자의 차이

참된 그리스도인과 위선자를 분별하는 데는 성급히 판단하거나 정죄하지 않도록 주의하여야 한다. 위선자와 비슷하지만 참된 그리스도인으로서 작은 믿음을 소유한 경우도 있기 때문이다. 뿐만 아니라 이제 그리스도의 도를 배우기 시작한 영적 유아들을 위선자로 판단해서도 안 된다.

이러한 영적 실수를 범하지 않기 위하여 우리는 이번 장에서 은혜의 정도가 약하여 위선자와 비슷하게 보이는 참된 그리스도인의 모습을 살펴보고자 한다. 물론 이것은 그들로 성장하여 위선자처럼 보이는 상태에서 벗어나게 하기 위함이기도 하다.

1. 적은 믿음(Little Faith)

존 번연은 『천로역정』에서 적은 믿음에 대해 잘 설명하고 있다. 적은 믿음을 소유한 자들의 특징은, 핍박이나 환난을 만날 때에 약한 믿음으로 인해 소심하고 두려워한다는 것이다. 그래서 거룩한 의무를 게을리 하게 되고, 때로는 자신의 신앙고백을 숨기기도 한다.

예를 들어, 베드로는 예수님께서 기도하라고 말씀하셨음에도 불구하고 잠을 이기지 못하여 기도하지 못하였고, 결국 여종 앞에서 예수님을 부인하고 자신이 예수님의 제자라는 사실도 부인하고 말았다. 이것이 바로 적은 믿음이다.

적은 믿음을 가진 자들은 과거의 실패에 매여 온통 슬픔에 잠기기도 하고, 이 땅에서 잃어버린 것들에 대해 아쉬움을 갖기도 하며, 원망과 불평을 터뜨리기도 한다. 그리고 시험에 자주 넘어지기도 한다.

이러한 적은 믿음의 특징들은 위선자들의 모습과 매우 비슷해 보인다. 그러나 적은 믿음을 가진 자와 위선자 사이에는 결정적인 차이점이 있다. 적은 믿음을 가진 자는 성령과 말씀의 죄의 질책에 대해서 항상 열려 있는 부드러운 양심(Tender Conscience)과, 신실하고도 진실하게 그리스도를 의지하는 진정한 믿음을 가지고 있다는 것이다. 그래서 그들은 자기를 의롭다고 생각하지도 않으며 헛된 확신으로 교만하지도 않다.

적은 믿음을 가진 자는 때로는 이 세상의 것을 아쉬워하지만 그것을 천성보다 더 귀하게 여기지는 않는다. 그래서 육신의 정욕에 불이 붙더라도 얼른 꺼진다. 적은 믿음의 마음은 신령한 것을 사모하며, 영적인 것과 하늘에서 내려오는 것들로 유지된다.

그럼에도 불구하고 적은 믿음을 가진 자는 그 낮은 영적 수준으로 인해 위선자처럼 보일 수도 있다. 그래서 더 큰 믿음을 가지기 위해 힘써야 한다(벧후 1:10,11 참고).

이에 반해 큰 믿음, 혹은 강한 믿음은 사내대장부와 같은 믿음이다. 난관에 부딪치더라도 자신의 신앙고백에 대해서 비겁해지지 않고 끝까지 견디어 낸다. 다윗이 골리앗을 무찌를 때와 같이, 다니엘이 진리를 고수하며 타협하지 않은 것과 같이, 사도 바울이 생명이 끊어지는 것과 같은 수많은 고난 가운데서도 여전히 복음을 외친 것과 같이 말이다. 그들은 그 강한 믿음으로 끝까지 확고하게 주를 신뢰하기 때문에 승리의 삶을 살 수 있다. 이것은 위선자가 감히 흉내 내지 못하는 믿음이다.

따라서 적은 믿음을 가진 사람은 큰 믿음을 가질 수 있도록 애쓰는 것이 보다 안전한 길이다. 또한 적은 믿음을 가진 사람을 위선자로 판단하지 않도록 주의해야 한다.

2. 영적 유아 (Babe)

영적 유아와 위선자는 구별되어야 한다. 영적 유아는 젖을 먹으면서 자라기 시작하는 단계이다. 이제 막 진리의 도를 배우기 시작한 것이다. 이들은 반드시 자라나야 하며, 유아의 유치한 것을 버려야 한다.

"형제들아, 지혜에는 아이가 되지 말고 악에는 어린아이가 되라. 지혜에는 장성한 사람이 되라"(고전 14:20).

따라서 유아가 자라나는 과정에서 아직 위선자 같은 모습이 남아 있을 수도 있지만, 위선자로 판단하기보다는 그가 자라날 수 있도록 도와주어야 한다.

고린도전서 3장 1,2절과 히브리서 5장 11-14절에서는 영적 유아의 특징을 말해 준다. 이들은 예수교 교리의 기초를 알고 있다. 즉, 회개의 필요성과 그리스도에 대한 믿음의 필요성을 알고 그 순례의 길을 시작한 자들이다. 따라서 이들은 아직은 영적이기보다는 육신적이다(고전 3:1 참고).

그래서 사도 바울은 이들에게 고기나 딱딱한 음식을 주지 못하고 젖을 주고 있다고 말한다(고전 3:2 참고). 왜냐하면 이들은 듣기에도 둔하고 영적인 것을 이해하는 데도 제한되어 있기 때문이다.

영적 유아는 어느 면에서는 성령의 역사 가운데 있지만 아직 영적이지는 않다. 그는 성령께서 그 영혼을 만지시는 중에 있으며, 아직 의의 말씀을 경험하지는 못했다. 때때로 어떤 이는 오랫동안 유아로 머물러 있기도 한다.

이러한 영적 유아는 젖을 주는 엄마의 지속적인 보살핌이 필요하다. 그렇지 않으면 죽을 수도 있다. 그러므로 영적 유아들은 계속 말씀의 지식을 획득해야 한다. 그러는 가운데 죄를 인식하고 슬퍼하며 고백과 삶의 개혁이 나타나게 되고, 하나님의 은혜로우심을 맛보고 하나님을 향하여 나가게 되는 것이다.

고린도교회는 이러한 영적 유아들로 인해 소란스럽고 어지러워졌다. 세상 사람들이 본다면 과연 예수님의 교회가 맞냐고 질문할 정도였다. 그래서 사도 바울은 고린도교회를 향하여 계속 경고하고 책망하였다. 그리고 여전히 죄 가운데 있는 사람들에게는 마지막으로 이렇게 경고한다.

"너희가 믿음에 있는가 너희 자신을 시험하고 너희 자신을 확증하라. 예수 그리스도께서 너희 안에 계신 줄을 너희가 스스로 알지 못하느냐? 그렇지 않으면 너희가 버림받은 자니라" (고후 13:5).

즉, 영적으로 전혀 성장하지 않은 채 유아 상태에 머물러 있을 수는 없다는 강력한 경고이다.

따라서 교회 안에서 위선자들의 문제도 심각하지만, 유치함과 정욕적인 것으로 인한 문제 때문에 영적 유아에 대해서도 특별한 주의가 요구되며, 그들이 의의 말씀을 경험할 수 있도록 도와주어야 한다.

6장
참된 그리스도인의 견인과 위선자의 타락

지금까지 위선자들의 특징에 대해서 살펴보았다. 이러한 위선자들의 종국은 타락으로 드러난다. 왜냐하면 그들은 회개와 믿음이 없이 신앙생활을 흉내 내다가 세상의 정욕과 즐거움에 빠져 결국 그것이 죄로 굳어져 버리기 때문이다.

이렇게 위선자가 타락으로 종결되는 것과 반대로 참된 성도는 성화의 책임을 다하고 그 열매를 맺음으로써 자신들의 회개와 믿음의 진정성을 드러낸다. 따라서 위선자와 참된 성도는 그 열매로 당연히 확인할 수 있다. 예수님께서 "그 열매로 나무를 아느니라"(마 12:33)라고 말씀하신 것도 이 때문이다.

따라서 본 장에서는 그 열매로 위선자와 참된 성도를 확인하는 과정과 원리를 살펴봄으로써, 자기 점검(self-examination)과

경고(cautions)의 기회를 삼으며, 더욱 주의(watchfulness)하고 부지런하게(diligence) 만드는 수단으로 삼고자 한다.

1. 성도의 견인과 타락 교리

성도의 견인과 타락 교리는 서로 상반되는 교리처럼 보인다. '예수님께서 보존하시는데 어떻게 타락할 수 있는가?'라는 생각 때문이다. 그러나 이러한 생각은 성도의 견인을 이해하는 데 별로 바람직하지 못하며, 타락을 이해하는 데도 도움을 주지 못한다. 성도의 견인과 타락에서의 주안점은 그 과정과 열매가 무엇이냐 하는 데 있다.

이러한 성경적 진리를 잘 다룬 존 번연의 『천로역정』 1부 5장을 보면 이것을 더 쉽게 이해할 수 있다. 그 본문에서 어떤 사람이 벽난로의 불을 끄기 위해 많은 물을 끼얹었는데도 불이 꺼지기는커녕 더욱더 세차게 타오른다. 그래서 그 이유를 알아보려고 벽난로 뒤에 가 보니 한 사람이 기름통을 손에 들고 몰래 끊임없이 불 위에 기름을 붓고 있는 것이 아닌가!

이 내용은 신학적으로 성도의 견인을 보여 준다. 성도의 심령에 작용하고 있는 구원의 은혜를 꺼 버리려고 마귀가 노력하지만, 그리스도께서 이미 주어진 구원의 은혜를 보존하기 위해 끊임없이 은혜의 기름을 부어 주신다는 것이다.

또한 같은 본문에 쇠창살 안에 갇혀 있는 자가 등장한다. 이 사람은 자신은 물론이고 다른 사람들도 인정하는 훌륭한 교인이었지만 세상의 정욕에 빠지고 하나님의 말씀과 선하심을 거역하는 죄를 지으면서 마음이 너무나 굳어져 회개할 수 없는 상태가 되어 버린 타락을 의미한다.

타락이라는 것은, 말씀의 빛과 하나님의 선하심을 맛보고도 그것을 거역하는 죄를 짓고, 계속해서 성령을 거스르고 슬프게 함으로써 성령이 떠나시고, 마귀의 수하가 되어서 더욱더 하나님을 거역하고, 그 심령이 굳어져서 자신의 정욕을 위해 그리스도의 인격과 의로우심을 경멸하며 그리스도의 피를 부정한 것으로 생각하다가, 결국 성령을 욕되게 하고 마는 것이다(히 6:4-6, 10:28, 29 참고).

이렇게 타락하는 것은, 그가 과거에 아무리 뛰어난 신앙고백을 했고 훌륭한 신자이었다 할지라도 실상 진정한 구원의 은혜를 받지 못한 위선자였음을 스스로 증명하는 것이다. 이러한 타락이 바로 위선자의 열매이기 때문이다.

이에 반해 성도의 견인은, 구원의 은혜와 함께 부여된 은혜의 수단을 부지런히 사용하여 맺은 열매는 물론 그 은혜 자체로도 하나님의 보존하심을 나타내고 성도의 구원이 완성됨을 의미한다.

따라서 성도의 견인은, "이같이 하면 우리 주 곧 구주 예수 그리스도의 영원한 나라에 들어감을 넉넉히 너희에게 주시리라"(벧후 1:11)라는 말씀과 같이 하나님 나라에 넉넉히 들어가게(abundant entrance) 하며, 그 열매로 나무를 증명하는 일(마 12:33 참고)이다. 또한 "능히 너희를 보호하사 거침이 없게 하시고 너희로 그 영광 앞에 흠이 없이 기쁨으로 서게 하실 이"(유 1:24)라는 말씀에 나타나는 하나님의 보존하심이다.

그러나 어떤 사람은 청교도 신학자들을 중심으로 만들어진 웨스트민스터 신앙고백서의 17장 1절을 근거로 타락 교리를 부정할 수도 있다. 왜냐하면 웨스트민스터 신앙고백서 17장 1절이 다음과 같이 말하기 때문이다.

"하나님께서 자기의 사랑하는 독생자 안에서 용납해 주시고 성령을 통해 효과적으로 부르시고 또한 거룩하게 하신 자들은, 은혜의 자리에서 전적으로 또는 최종적으로 타락할 수 없으며, 마지막 날까지 꾸준히 인내하여 그 상태로 머물게 되며, 또한 영원히 구원받을 것이다."[1]

이러한 반론에 답하기 위해서 먼저 우리가 혼동하지 말아야 할 것이 있다. 청교도 신학의 중요한 주제 중 하나로서, 그들은

---

1) 『웨스트민스터 신앙고백서』(G.I. Williamson 저, 나용화 역, 개혁주의 신행협회 간) p.210 참고.

믿음의 고백(Profession of Faith)과 예수 그리스도를 소유한 것(Possession of Christ)을 동일하게 보지 않았다는 것이다. 즉, 믿음의 고백이 있을지라도 진정한 구원의 은혜가 그 심령에 있는지 없는지를 분별하였으며, 때로는 거짓 고백자들과 일시적 고백자들을 구별하였다.

그런데 웨스트민스터 신앙고백서 17장 1절은 이러한 신학이 반영된 부분으로서, 끝까지 타락하지 않고 보존되는 참된 신자(True Believer)에게 해당되는 설명이다. 개혁 신학교(Reformed Theological Seminary)의 조직신학 교수인 던컨 랜킨(Duncan Rankin)도 웨스트민스터 신앙고백서 17장 1절은 무형 교회(Invisible Church), 즉 하나님의 진정한 구원 백성에 대해 설명하는 것이라고 말하였다.

이와 같이 보존 교리는 구원 백성의 특징에 대한 교리이다. 그래서 이것을 통하여 진정한 성도를 분별할 뿐만 아니라 성도의 견인이 있느냐 없느냐에 따라서 위선자를 분별할 수도 있는 것이다. 성도의 견인이 없다는 것은 선택된 자라는 증거가 결여되어 있으며 회심의 은혜가 부족하다는 것을 나타내기 때문이다.

또한 타락 교리는 성도의 견인 교리와 완전히 대칭되는 교리로서, 위선자에 대한 중요한 교리이다. 왜냐하면 타락은 위선자의 증거이며 결론이기 때문이다.

2. 성도의 견인과 진정한 성도

웨스트민스터 신앙고백서 17장을 중심으로 성도의 견인 교리를 정리해 보자.

첫째, 하나님에 의하여 거듭나고 의롭다함을 받은 참된 성도는 전적으로 그리고 최종적으로 은혜로부터 떨어질 수 없으며, 그것을 허락하지 않으시는 하나님께서 확실하게 마지막까지 견인한다.

둘째, 분명히 견인의 원리는 조금이라도 성도들의 자유의지에 달려 있는 것이 아니라 오직 변하지 않는 선택의 영원한 작정에 달려 있으며, 영원한 은혜 언약과 그리스도의 덕과 중보, 지속적인 성령의 내주하심과 능력에서 말미암는 것이다.

셋째, 참된 성도일지라도 때때로 세상의 유혹과 사탄의 시험과 우리 속에 남아 있는 죄 된 속성으로 인하여, 그리고 은혜의 수단을 무시함으로써, 성령을 슬프게 하거나 근심시키고 성령의 위로로부터 멀어질 수 있으며, 마음이 걍팍해지고 양심에 상처를 내어 은혜로부터 멀어진 상태가 어느 정도 지속될 수도 있다.

이것에 대해서 알미니안주의자들은, "진정으로 거듭난 사람도 은혜를 무시하고 성령을 근심시키면 결국 은혜로부터 완전히 떨어져서 영원한 유기상태에 이르는 것이 가능할 뿐 아니라 분명한 사실이다"라고 주장한다.[2] 거듭남에 대한 그들의 견해가 칼빈주의자들과 다르기 때문에[3] 이렇게 말하는 것이다.

알미니안주의자들은 인간의 자유의지와 하나님의 은혜가 서로 합력하여 작용(Co-operating)함으로써 거듭난다고 생각한다. 즉, 사람의 자발적인 결정에 의해 거듭나고 또 사람들의 자유의지에 따라 계속 믿음을 가질 것인지 아닌지가 결정된다고 간주하여, 성도의 견인 교리를 부정하는 것이다.

청교도 신학자 존 오웬은 성도의 견인 교리에 반대하는 알미니안주의자 존 굿윈(John Goodwin)과의 논쟁에서 다섯 가지 근거를 들어 성도의 견인 교리가 성경적임을 주장했다.

첫째, 하나님의 불변하시는 신적 속성과 관련하여 생각할 때 하나님께서는 자신의 백성에게 자신을 다 주시는 분으로 그 관계가 취소될 수 없다.

둘째, 하나님의 신적인 목적들은 환경과 상황에 따라 변하는 것이 아니다.

셋째, 은혜 언약은 하나님의 목적과 뜻 가운데 있는 것이기에 완전하고도 불변하며, 하나님의 놀라운 경륜으로 시대를 이어서

---

[2] 찰스 핫지의 『웨스트민스터 신앙고백서 강해』 p.317에서 인용.
[3] 칼빈주의자들은 이미 하나님께서 성령을 통하여 일하신 결과 우리가 응답할 수 있다고 말한다.

내려온 것이다. 즉, 언약은 무조건적인 은혜의 약속이다. 그리고 하나님께서는 이 언약을 신실하게 이행하신다.

넷째, 이 언약은 수혜자에게 달려 있는 조건적인 것이 아니다.

다섯째, 성도의 견인은 그리스도의 중보 사역에 근거하고 있으며, 그리스도의 죽음의 효과는 영원하다. 그리스도께서는 사탄의 권세를 실제로 묶으셨으며,[4] 이제 승천하셔서 믿는 자들에게 성령을 보내 주셨고 그 성령이 지금 내주하고 계시며, 지금도 직접 대제사장으로서 중보자의 일을 하고 계시기 때문이다.[5]

이에 대해 존 굿윈은 존 오웬을 비난하면서 성도의 보전 교리에 반대하였다. 이 교리가 도덕률폐기론(Antinomianism)의 위험을 안고 있다는 것이다. 즉, 한 번 의롭다함을 받으면 다 완성이 된 것으로 생각하여 성경에서 말하는 도덕법을 행위의 원리로 삼지 않아도 된다는 잘못에 빠질 수 있다고 주장하는 것이다.

그러나 존 굿윈이 성도의 견인 교리가 오용될 수도 있음을 지적한 것은 옳지만, 그가 한 가지 착각한 것이 있다. 성도의 견인이 거룩함(Holiness)으로의 견인이라는 것을 알지 못했다는 것이다.[6] 그리스도께서 그의 백성을 구원하시는 것은 그들로 계속 죄를 짓도록 하시려는 것이 아니라 새 생명 가운데서 행하도록 하

---

[4] 하나님께서 참된 성도에게 심어 주신 은혜는 사탄과 마귀의 공격에 저항하게 한다.
[5] 존 오웬 전집 11권, pp.120-379 참고.

려는 것임을 알아야 한다(롬 6:1-4, 갈 1:4 참고).

이러한 맥락에서 성도의 견인은 참된 성도로 하여금 이 땅에서 천성의 삶을 추구하게 한다. 따라서 성도의 견인 교리는 우리가 주님으로부터 한 번 구원의 은혜를 받고 끝나는 것이 아니라, 그 구원이 최종적으로 완성될 때까지 주님을 전적으로 신뢰하고 의지할 것을 요구한다. 그러하기에 우리는 구원을 받고 그 후에 우리가 선을 행했다고 해서 절대 한순간도 교만해질 수 없다. 오히려 우리는 은혜의 세월이 흐를수록 더욱더 겸손해질 수밖에 없다.

또한 이것은 주님의 일을 더욱 많이 하고 업적을 쌓았다 하더라도 사도 바울과 같이 "이것은 내 자신의 능력으로 한 것이 아니라 오식 주님께서 주신 은혜로 말미암은 것입니다"(고전 15:10 참고)라고 고백하고, 구원의 마지막 날에 "모든 구원이 주께로부터 말미암았습니다"라고 고백하도록 하기 위한 하나님의 은혜의 방법이다.

성도의 견인 교리는 "한 번 구원받았으니 이제는 마지막까지 보존될 것이다"라는 사고 방식을 위해 존재하는 것이 절대 아니

---

6) 예정론에 있어서도 마찬가지이다. 에베소서 1장 4절에 의하면 거룩함에 이르는 것도 예정되어 있으므로 수단을 배제한 채 목적만 언급하여, 예정을 입은 사람을 마치 성도의 거룩한 책임을 면책받은 자인 것처럼 해석해서는 안 된다.

다.[7] 이 교리는 하나님께서 베푸신 구원의 은혜가 얼마나 소중한지를 깨닫게 하며, 마지막까지 그 은혜를 귀하게 여기고 절대 소홀히 여겨서는 안 된다는 것을 전하는 교리이다.

"우리가 이같이 큰 구원을 등한히 여기면 어찌 그 보응을 피하리요. 이 구원은 처음에 주로 말씀하신 바요 들은 자들이 우리에게 확증한 바니"(히 2:3).

또한 이 교리는 참된 성도가 보존의 은혜 가운데 이 땅에서 어떤 특징을 가지고 살아야 하며, 그 목표가 무엇인지를 전하기 위한 교리이다.

결국 성도의 견인 교리는 하나님의 주권에 따른 인간의 책임을 철저히 가르친다. 따라서 성도의 견인이라는 것은 부름을 받은 상태를 지속하는 것을 말한다. 인생의 마지막까지 은혜의 상태를 지속해야 하는 것이다(마 10:22, 골 1:23 참고).

보통 성도의 견인 교리를 말할 때 빌립보서 1장 6절, 베드로전서 1장 5절, 요한복음 10장 27-29절을 근거로 든다. 특히 요한복음 10장 27-29절을 많이 언급하는데, 때때로 28,29절을 오용하여 성도의 견인 교리를 전적으로 하나님의 책임이요 우리는 아무것도 안 해도 되는 책임 면제 교리로 간주하는 경우가 있다.

---

7) 이러한 사고 방식은 인간의 책임을 완전히 하나님의 책임으로 떠맡기는 하이퍼 칼빈주의(Hyper-Calvinism)로 이어질 가능성이 높다.

이것은 하이퍼 칼빈주의의 태도로 분명히 잘못된 이해이다.

    요한복음 15장 4절을 보면 이러한 생각이 잘못된 것임을 알 수 있다. 존 칼빈도 요한복음 15장 4절을 주해하면서 이렇게 말한다. "예수님은 제자들에게 그들이 받은 은혜를 열심으로, 그리고 조심스럽게 지키라고 권면하셨다. 육신의 부주의함이 결코 일어나지 못하도록 말이다."[8]

    계속해서 요한복음 15장 6절을 주해하면서 칼빈은 이렇게 말한다. "예수님은 다시금 감사하지 않는 것에 대해 그들을 심판함으로써 그들에게 견인(Perseverance)할 것을 요구하셨다."[9]

    따라서 성도의 견인은 우리에게 내려진 명령이다. 구원 백성은 이 명령을 이행해야 한다. 찰스 핫지(Charles Hodge)는 은혜는 의무를 수반한다고 말한다. 진정 하나님의 은혜는 우리에게 책임을 요구한다.

    어떤 사람은 이러한 성도의 책임에 대해서 이렇게 반문할 수도 있다. "그렇다면 우리가 우리의 행위로 구원받는다는 말입니까?"

    이 질문에 대해서 신학적으로 신약 신학의 직설법과 간접법의 관계와 하나님의 주권과 인간의 책임 간의 관계를 살펴보면서

---

8) 존 칼빈 『요한복음 주석』 제2권, p.109 참고.
9) 존 칼빈 『요한복음 주석』 제2권, p.110 참고.

대답하겠다.

빌립보서 1장 6절에는 "너희 안에서 착한 일을 시작하신 이가 그리스도 예수의 날까지 이루실 줄을 우리는 확신하노라"라고 기록되어 있는데, 2장 12절에는 "항상 복종하여 두렵고 떨림으로 너희 구원을 이루라"라고 기록되어 있다. 앞의 구절은 하나님의 주권을 말하고, 뒤의 구절은 인간의 책임을 말하는 것이다.

마찬가지로, 베드로전서 1장 2절에서는 '성령의 거룩하게 하심'을 입으라고 말하고, 1장 16절에서는 '거룩하라'고 명령하고 있다. 또한 사도행전 2장 38절에서는 '회개하라'고 말하고 있으며, 11장 18절에서는 '회개가 선물'이라고 말한다.

구약에서도 마찬가지이다. 신명기 10장 16절에서는 "너희는 마음에 할례를 행하고 다시는 목을 곧게 하지 말라"라고 말하면서 할례의 주체가 사람이라고 하는 반면에, 30장 6절에서는 "네 하나님 여호와께서 네 마음과 네 자손의 마음에 할례를 베푸사"라고 말씀하면서 할례의 주체가 하나님이시라고 말한다.[10]

그러면 여러분은 더욱 혼란스러워질 것이다. 과연 어떻게 이 문제를 풀어야 할 것인가? 이것에 대한 대답은, 성도의 견인 자체가 하나님의 주권적 은혜요 선물인 동시에 철저한 인간의 책

---

10) 이에 대한 청교도 신학자의 논문으로 존 오웬의 저작 전집 제10권 'A display of Arminianism'을 참고하라.

임이라는 것을 이해하는 데 도움을 줄 것이다.

이것에 대한 완벽한 해답은 칼빈주의와 청교도 신학에서 얻을 수 있다. 먼저 존 칼빈은 그의 신학에서 하나님의 주권과 인간의 책임에 대해 매우 균형적으로 설명한다. 그리고 청교도 신학자들은 존 칼빈보다 한 걸음 더 나아가 이것의 영적 원리를 다음과 같이 해석했다.

하나님의 선물인 구원에 대하여 인간의 책임을 요구하시는 것은 구원이 진정 하나님의 선물임을 확실히 하려는 하나님의 방법이다.

하나님은 우리에게 책임을 부과하심으로써 참된 구원의 은혜를 받은 사람으로 하여금 순종하고자 힘쓰도록 하신다. 물론 이렇게 하나님의 법을 지키려고 애쓰는 것은 분명 쉬운 일이 아니다. 그럼에도 불구하고 하나님의 사랑 때문에 그 법을 지키기 위해 애쓰는 것이다. 그래서 요한일서 2장 3절은 "우리가 그의 계명을 지키면 이로써 우리가 그를 아는 줄로 알 것이요"라고 말한다.

이렇게 순종하려고 애쓰는 사람은 결국 자신의 능력으로는 도무지 순종할 수 없으며 하나님의 은혜가 더욱 필요함을 확실히 깨닫게 된다. 그래서 더욱 주를 의지하게 되고, 결국 순종을 이루게 된다.

그들은 그 순종의 결과들이 자신의 힘으로 된 것이 아님을 누구보다 더 잘 알기 때문에 교만해질 수 없고, 잘난 척할 수도 없다. 오히려 "이 모든 것이 하나님의 은혜로 된 것입니다"라고 고백하며 주님을 높일 수밖에 없는 것이다.[11]

이러한 영적 원리를 고린도전서 15장 10절에서 더욱 직접적으로 찾아볼 수 있다.

"그러나 내가 나 된 것은 하나님의 은혜로 된 것이니 내게 주신 그의 은혜가 헛되지 아니하여 내가 모든 사도보다 더 많이 수고하였으나 내가 한 것이 아니요 오직 나와 함께하신 하나님의 은혜로라."

본문에서 사도 바울은 자신에게는 아무 공로도 없으며 오히려 그리스도를 핍박하던 자가 하나님의 은혜로 구원을 얻었다고 말한다. 또한 자신이 있는 힘을 다하여 수고하였고 '모든 사도보다 더 많이 수고하였다'라고 증언하면서 그러나 동시에 그 수고들이 자신의 능력에서 나온 것이 아니라 하나님의 은혜라고 고백한다.

부르심의 책임을 다하여 주를 위해 수고한 사람만이 이렇게 말할 수 있다. 그가 먼저 자신의 무능력을 철저히 깨닫고 온전히 은혜에 의지하여 그 수고를 다하였기 때문이다. 반면 인간의 책임을 무시한 채로 게으르고 수고하지 않은 사람은 오히려 스스로 의로워져 얄팍하게 수고한 자신의 수고를 확대하여 자신의

---

[11] 이 원리에 대해서는 청교도 신학자인 에스겔 홉킨스(Ezekiel Hopkins)의 저작 전집 제2권을 참고하라.

공로를 주장할 것이다.

마태복음 25장에서 예수님은 마지막 심판의 날과 관련하여 구원 백성을 비유하는 양 계열과 유기된 백성을 비유하는 염소 계열의 사람들의 특징에 대해 말씀하신다.

염소 계열의 사람들은 자신의 행위를 근거로 우리가 언제 주를 공양하지 않았느냐고 따져 물으면서 자신들의 의로움을 주장한다(마 25:44 참고). 반면에 양 계열의 사람들은 선한 행위의 열매(fruits in good works)가 있었음에도 불구하고 "우리가 어느 때에 주께서 주리신 것을 보고 음식을 대접하였으며 목마르신 것을 보고 마시게 하였나이까?"(마 25:37) 하고 되묻는다. 그 선한 행위들마저도 은혜로 말미암아 된 것이기 때문에 자신들의 공로가 아니라 주님의 은혜라는 것이다.

여기에서도 볼 수 있듯이, 인간의 책임을 이행하고자 애쓰는 사람만이 그 은혜가 무엇인지를 알고, 그 모든 공을 은혜로 돌릴 수 있다. 그러나 인간의 책임을 무시하고 게으른 자는 그 모든 것을 은혜로 돌리는 것이 아니라 자신들의 공로로 돌려 스스로 의로워지고자 한다.

따라서 은혜가 아니라 자기의 능력을 의지하는 사람들은 하나님의 계명을 지키지도 못하면서 지키는 척하는 위선적인 모습을 보이고, 자기 의를 나타내기 위해 애쓰며 매우 교만하다(롬 10:3

참고). 로마서를 통해 유대인들이 계명을 지키지도 못하면서 그 계명을 가지고 있다는 것만으로 얼마나 교만했는지를 보면 이것을 더 쉽게 이해할 수 있다.

이와 같이 주권적 은혜 가운데 우리에게 책임을 부과하는 것은, 우리로 더욱 그 은혜를 의지하게 하려는 의도이다. 그러나 알미니안주의자들은 주님께서 우리에게 계명을 주신 것은 우리가 그것을 지킬 수 있기 때문이라고 말하면서 인간의 능력을 확대한다. 그래서 그들의 신학 체계는 하나님 중심이 아니라 인간 중심이요, 은혜와 믿음 중심이 아니라 이성적으로 치우쳐서 매우 교만한 방향으로 흘러갈 수밖에 없다.

우리는, 성도의 견인에서 인간들의 책임을 중요시하는 것은 우리로 하여금 은혜로 시작해서 은혜로 마치게 하려는 것이요, 성도의 견인이 하나님의 선물이지 우리 행위의 결과가 아니라는 것을 분명히 하려는 하나님의 뜻임을 기억해야 한다.

성도의 견인은 의롭다하심을 받은 데서 시작된다. 의롭다하심을 받기까지 하나님께서는 이미 죄인의 영혼에 많은 은혜를 베풀어 주셨다. 그리고 그것은 죄인으로 하여금 자신의 죄를 깨닫고, 스스로 구원을 이룰 수 없음을 철저히 인정하게 하며, 자신을 내던지고 하나님께서 마련하신 구원의 방편이신 예수 그리스도에게로 나아오도록 요구한다.

이때 하나님이 마련하신 구원의 방편에 순종하는 것이 곧 믿음이다. 이것이 바로 죄인을 의롭게 한다. 의롭다하심을 받을 때 이미 순종의 원리가 우리 속에 자리잡게(Imputed) 된다(벧전 1:2 참고). 그래서 의롭다하심을 받은 이후에 순종함으로 참된 성도의 견인이 시작되는 것이다.

더욱이 성도의 견인은 영혼을 그리스도께 의탁하는 것이다. 왜냐하면 믿는 영혼은 자신이 연약하고 무능하며 원수들에게 저항할 능력도 없고 믿음을 지키기에도 부족함을 철저히 깨닫고 있기 때문이다. 그래서 그 영혼은 보존자이신 그리스도를 더욱 의지하게 된다.

사도 바울은 이 원리에 대해 이렇게 말한다.

"이로 말미암아 내가 또 이 고난을 받되 부끄러워하지 아니함은 내가 믿는 자를 내가 알고 또한 내가 의탁한 것을 그날까지 그가 능히 지키실 줄을 확신함이라"(딤후 1:12).

믿음은 우리가 필요한 모든 것에 대해 그리스도를 의뢰하도록 하는데, 영혼의 구원에 있어서는 더욱 그러하다. 그래서 믿음의 계속성이 우리에게 요구되는 것이다.

"복음에는 하나님의 의가 나타나서 믿음으로 믿음에 이르게 하나니 기록된 바 오직 의인은 믿음으로 말미암아 살리라 함과 같으니라"(롬 1:17).

베드로전서 1장 5절은 이렇게 말한다.

"너희는 말세에 나타내기로 예비하신 구원을 얻기 위하여 믿음으로 말미암아 하나님의 능력으로 보호하심을 받았느니라."

또한 히브리서 10장 38,39절에서도 동일한 진리에 대해 말하고 있다.

"나의 의인은 믿음으로 말미암아 살리라. 또한 뒤로 물러가면 내 마음이 그를 기뻐하지 아니하리라 하셨느니라. 우리는 뒤로 물러가 멸망할 자가 아니요 오직 영혼을 구원함에 이르는 믿음을 가진 자니라."

따라서 성도의 견인에는 언제든지 계속적으로 보존하시는 예수 그리스도의 힘을 덧입어 사는 믿음이 필요하다. 그래서 예수께서는 그리스도와 성도 간에 지속적인 구원의 연합 관계가 필요하다고 말씀하셨다(요 15:4,5 참고). 즉, 성도의 견인은 하나님의 선하심에 계속 머무르는 것을 말한다고 할 수 있다(롬 11:22, 살전 3:8, 빌 4:1 참고).

성도의 견인 교리는, 마지막까지 이르는 구원과 하늘에서 주시는 하나님의 상급에 소망을 두고 있는 그리스도인으로서의 삶의 특징을 이 땅에서 실현하도록 하는 교리이다(딤후 1:8 참고).

이것은 참된 그리스도인이라는 표식과 열매를 맺게 한다. 즉, 이 땅의 삶이 나그네의 삶인 것을 날마다 고백하며 하나님과 화평하고 그의 영광을 구하는 삶, 하나님 앞에서 우리의 능력 없음을 인정하는 겸손한 삶, 하나님의 신실하신 섭리를 꼭 붙잡고 신뢰하는 삶을 살게 하는 것이다. 또한 믿음 위에 굳건히 서서 믿음의 열매인 성도간의 사랑을 이루며, 그리스도인의 성품의 정수인 거룩과 경건을 이루고, 하나님의 신적인 아름다움을 감사하며 찬양하는 예배의 삶을 살게 한다.

물론 이러한 증거와 열매들은 위선자와 참된 그리스도인을 뚜렷이 구별시켜 주는 덕목들이다.

3. 타락과 위선자

성경에 의하면, 성도의 견인 그 자체가 선택받은 자인지 그렇지 않은지를 구별하는 표식이 된다(눅 8:13-15, 요일 2:19 참고).

성도의 견인 가운데 있는 사람들은 택함받은 자임이 확인될 것이다. 왜냐하면 진정한 구원의 은혜는 경건을 위해 부지런히 노력하게 함으로써 우리의 부르심과 택하심을 굳게 하기 때문이다(벧후 1:8-11 참고).

반면 게으른 사람들은 비선택자로 판명될 것이다. 왜냐하면 그들은 은혜의 수단 아래서 외적으로만 은혜가 있는 모습을 취하였을 뿐 여전히 게으르고 타락한 육체의 본성의 일을 하는 자들이기 때문이다(유 1:4 참고).

또한 하나님의 법을 존경하며 경건한 삶을 살기 위해 애쓰는 사람들은 구원받은 자로 확인될 것이며, 그렇지 않은 사람들은 정죄된 자로 판명될 것이다. 그리고 순종함으로써 견인함에 수고한 사람들은 그들의 순종이 의롭고도 진실한 것으로 드러날 것이고, 그렇지 않은 사람들은 거짓으로 드러날 것이다.

이러한 성도의 견인 교리를 통해 우리는 타락이 어떤 것인지를 알 수 있다. 타락하는 자는 위선자로서, 자신과 다른 사람을 속이다가 결국 은혜가 없음으로 인해 자신의 길로 돌아간다(행 1:25 참고).

참된 성도는 견인하는 데 있어서 애를 쓰지만, 위선자들은 견인에 있어서 심각하지 않다. 그래서 위선자들은 주께서 주신 성도의 견인에 필요한 은혜의 수단들, 예를 들어 경고들, 부지런함, 자기 점검, 경계, 기도 등을 사용할 줄도 모르며, 관심도 가지지 않는다.

이와 같이 성도의 견인은 위선자인지 참된 성도인지를 분별해 주는 기능을 한다. 그러므로 성도의 견인 교리를 남용하여 "하나님께서 결국 견인하실 것이므로 때로는 죄를 지어도 괜찮다"는 헛된 생각을 하는 것은 위선자의 모습이다. 왜냐하면 진정한 회심(genuineness)의 특징 중 하나가 죄를 미워하는 것(Hatred of Sins)이기 때문이다. 진정한 회심자는 죄를 지긋지긋해하며 미워한다. 예레미야 31장 19절이 이를 잘 표현하고 있다.

"내가 돌이킨 후에 뉘우쳤고 내가 교훈을 받은 후에 내 볼기를 쳤사오니 이는 어렸을 때의 치욕을 지므로 부끄럽고 욕됨이니이다 하도다."

진정으로 회심한 성도는 죄와 싸우고자 하는 굳은 결심을 가지고 있기 때문에 견인 교리를 남용하여 죄를 짓는 것을 가볍게 생각할 수 없다(히 12:4 참고). 죄에 대해 가볍게 생각하는 것 자체가 아직 회심하지 않았다는 증거인 것이다.

더욱이 스코틀랜드 장로교 신학자인 존 던컨 (John Duncan, 1796-1870)이 말한 바와 같이, "성도의 견인은 사람들이 주장할 수 있는 권리 문제(a matter of right)가 아니라 하나님의 주권(Sovereignty)"[12]이기 때문에 이것을 남용한다는 것 자체가 하나님의 주권에 대한 도전이다. 그러므로 성도의 견인 교리를 남용하는 것은 위선자들의 변명일 뿐이다.

타락의 과정과 원리를 살펴보면 이 모든 것을 더욱 확실히 알 수 있다. 먼저 구원의 믿음이 있는 것과 구원의 믿음이 있는 것처럼 보이는 고백 사이에는 큰 차이가 있음을 알아야 한다. 왜냐하면 은혜가 있는 것처럼 보였던 사람들이 타락하여 스스로 위선자임을 드러내기 때문이다.

---

12) *Just a Talker: The Saying of Dr. John Duncan*(ed. John M. Brentnall, The Banner of Truth Trust, 1997)

예를 들어, 가룟 유다는 예수님의 제자로 고백했고 예수님을 따라다녔으며, 때로는 귀신을 쫓아내기도 했다(마 10:1 참고). 그러나 요한복음 6장 64절에서 예수님은 이렇게 말씀하셨다.

"그러나 너희 중에 믿지 아니하는 자들이 있느니라."

그리고 70절에서는 가룟 유다를 지칭하면서 "내가 너희 열둘을 택하지 아니하였느냐? 그러나 너희 중의 한 사람은 마귀니라"라고 말씀하셨다. 즉, 가룟 유다는 진정한 은혜가 있는 것처럼 보였지만 실상 처음부터 믿음이 없는 자였던 것이다. 그는 자신과 다른 사람을 속이고 믿음 있는 척하였던 위선자이다. 그래서 결국 '제 곳'(행 1:25)으로 가고 만 것이다.

이와 같이 타락하는 사람들도 한때 영적으로 각성될 수도 있으며 영적인 것을 음미할 수도 있고, '성령에 참여한 바'(히 6:4) 될 수도 있으며 '하나님의 선한 말씀과 내세의 능력'(히 6:5)을 맛볼 수도 있다.

그러나 그들은 죄의 길에 들어서서 지속적으로 죄를 짓는다. 그리고 죄를 짓는 데 짐짓 담대해지고 강퍅해진다(히 10:26 참고). 그러다가 결국 그리스도를 현저하게 욕보이고 복음을 부정한다(히 6:6 참고). 그리하여 그들은 자신들의 심령 속에 의롭다 여김을 받은 뿌리가 없음을 증명하는 것이다. 이것이 바로 타락이요 배교이다.

존 오웬은 이러한 타락의 세 가지 주요 특징에 대하여 말한다. 그 특징은 복음의 성격 때문에 나타난다.

첫째, 복음의 교리(혹은 가르침)로부터 타락한다. 역사적으로 아리안주의, 펠라기우스주의 같은 이단의 가르침들이 바로 여기에 속한다.

이러한 잘못된 가르침은 그 심령 속에 쓴 뿌리를 심어 놓고 무지하게 하여 영적으로 어둡게 만들며, 그로 인해 사람들의 마음이 교만해지고 헛된 것을 추종하게 만든다. 이 과정에서 근거 없는 자기 확신에 빠지기도 하며 세상을 사랑하고, 어둡고도 굳은 마음으로 인해 거짓을 말하기도 한다. 그러다가 결국 사탄의 앞잡이가 되어 사람들을 혼동 속으로 몰아넣고 구렁텅이로 빠뜨리려고 한다. 결국 이러한 자들은 교회와 목회자를 욕하면서 교회로부터 떨어져 나간다(고전 11:19, 요일 2:19 참고).

둘째, 복음의 거룩함으로부터 타락하고 배교한다.

복음은 거룩함을 요구한다. 히브리서 12장 14절은 "거룩함을 따르라. 이것이 없이는 아무도 주를 보지 못하리라"라고 말한다. 물론 이 거룩함은 교회를 교회 되게 하는 표식이다. 이것은 성화가 구원에 뒤따르는 의무임을 말해 준다. 그러나 타락이나 배교의 경우에는 거룩한 척하며, 때로는 영적 의무를 도덕적 의무로 대체하여 자신의 공로로 삼으려고 한다. 이것은 복음적 순종

(Evangelical Obedience)이 아니다.

완전주의(Perfectionism)와 같은 가르침이 바로 그 예이다. 이것은 영적인 체험이 전혀 없는 자, 즉 내재해 있는 죄와의 처절한 싸움이나 끊임없는 영적 전쟁과 육신의 연약함을 체험하지 못한 자들이 마치 완전하게 거룩을 이룬 것처럼 가장하는 모습이다. 도덕률폐기론자들도 복음에서 타락한 자들이다. 이들은 "성화는 칭의의 증거가 될 수 없다"라고 주장하면서 거룩의 의무를 부정한다.

존 오웬은 복음의 타락의 예를 한 가지 더 들고 있는데, 바로 서방세계의 기독교화(Christianizing)이다. 그는 이것이 영적 재앙과 같다고 말한다. 왜냐하면 이로 인해 세상과 교회의 구별이 없어지고 혼동되어 복음의 거룩함에 신경을 쓰지 않게 되기 때문이다.

오늘날 미국과 한국에 만연된 부와 건강의 복음(Wealth and Health Gospel) 역시 그 예이다. 이 잘못된 복음의 골자는 "예수를 믿으면 부자가 되고 건강해진다"는 것이다. 그래서 이것을 주장하는 사람들은 고난과 십자가를 매우 부끄러운 것으로 여긴다. 이런 복음을 추구하는 설교자는 예배 때마다 "하나님은 당신이 부자가 되기를 원하고 건강하기를 원합니다"라고 외치며, 회중은 열심히 "아멘"이라고 답한다. 복음에서 말하는 거룩함을 따르라는 가르침은 도저히 찾아보기가 힘들다. 이러한 가르침 속에서 사람들은 점점 타락하게 되는 것이다.

셋째, 복음의 예배로부터 타락한다.

교회가 하나님이 정하신 것을 무시하고 다른 것을 추가할 때, 항상 그들은 영적으로 심각하게 썩을 수밖에 없다. 예를 들어, 실제적인 의미를 깨닫지도 못하면서 어떤 성례를 추가하는 것은 복음을 변질시키게 되어 있다.

찰스 피니(Charles Finney)는 자신의 전도 집회에서 '제단 앞으로의 부름(Altar Calling)'이라는 방법을 사용하였다. 그러나 이러한 방법 역시 복음을 변질시킨다. 왜냐하면 이렇게 어떤 피상적 체험으로 말미암아 그 앞에 나와 고백을 하고, 또 그들을 부른 초청자가 그들에게 구원을 선포하는 것은, 회개의 증거를 요구하는 복음을 싸구려로 전락시키는 것이기 때문이다.

이러한 방법은, 복음에 대한 지식은 전혀 없으면서 어떤 흥분된 상태로 예수를 믿는다고 고백하게 함으로써 그 이후에는 전혀 믿음 생활을 하지 않는 자들을 발생시킨다. 뿐만 아니라 그들은 복음의 거룩함의 심각성도 느낄 수 없다.[13]

---

13) 찰스 피니는 자신의 사역 가운데 이러한 결과에 대해서 인정하였다. 그래서 이러한 모순을 해결하기 위해 완전주의(Perfectionism)로 기울어졌는데, 이것은 더욱 잘못된 길이었다. 결국 그는 자신의 생애 말기에 이러한 자신의 잘못을 고백하였다.

이렇게 잘못된 복음으로 인해 더욱 많은 위선자가 양산되고, 교회는 그 순결성과 능력을 상실한 채 세상으로부터 비난을 받게 된다. 따라서 오늘날 우리는 복음의 순수성과 교회의 순결성을 회복해야만 한다.

결론적으로, 타락하는 자들은 은혜 없이 믿음 생활을 흉내 내고 가장하다가 결국 자신들의 길로 가게 되는 위선자들이다. 반면 하나님의 진정한 성도는 하나님께서 주신 은혜의 수단을 부지런히 사용함으로써 성도의 견인에 있어서 그 책임을 다한다. 그러므로 이것이 바로 위선자와 구별되는 참된 그리스도인의 표식이요 증거이다.

따라서 우리는 성도의 견인을 통해 자신이 위선자의 모습을 가지고 있는지 진정한 구원의 은혜를 받은 자인지를 점검할 수 있으며, 다른 이들을 도와줄 수 있다. 한편 위선자들이 타락에 빠지게 되는 영적 원인과 과정을 살펴봄으로써 우선 위선자들이 경고받아야 하며, 진정한 하나님의 백성들에게도 경계가 되어야 한다.

· 보다 깊은 연구를 위한 도서들 ·

(*표식은 청교도 신학자를 말함)

2장

- *Richard Baxter, *The Baxter's Practical Works Vol.4*(Soli Deo Gloria Publication, Reprinted 1990)
- *Thomas Boston, *Complete Works of Thomas Boston Vol.9(1853 edition)*(Richard Owen Roberts Publishers, Reprinted 1980)
- *Thomas Brooks, *The Works of Thomas Brooks Vol.6*(The Banner of Truth Trust, Reprinted 1980)
- *David Clarkson, *The Works of David Clarkson Vol.2*(The Banner of Truth Trust, Reprinted 1988)
- Jonathan Edwards, *The Works of Jonathan Edwards Vol.2*(The Banner of Truth Trust, Reprinted 1974)
- *John Flavel, *The Works of John Flavel Vol.5*(The Banner of Truth Trust, Reprinted 1968)

3장

- *John Bunyan, 『천로역정』 (유성덕 역, 크리스챤다이제스트, 1987)
- James Black, *The Christian Life: An Exposition of Bunyan's Pilgrim's Progress*(James Nisbet, 1873)
- George Cheever, *Lectures on the Pilgrim's Progress* (Robert Carter, 1875)
- Robert Nourse, *Twenty Plain Lectures on the Pilgrim's Progress*(Richard Dickinson, 1879)
- James Rodgers, *Lectures on Pilgrim's Progress*(Myers Shinkle, 1883)
- Thomas Scott, *The Works of Thomas Scott Vol.3* (L.B. Seely and Son, 1823)
- Charles Spurgeon, *Pictures from Pilgrim's Progress* (Fleming H. Revell, 1903)
- Robert Stevenson, *Exposition on the Pilgrim's Progress*(A&C Black, 1912)
- Alexander Whyte, *The Characters in Pilgrim's Progress*(Baker Book House, Reprint 1976)

4장

- *Joseph Allein, *A Sure Guide to Heaven(1671)*(The Banner of Truth Trust, Reprinted 1995)
- *Richard Baxter, *Baxter's Practical Works Vol.2* (Soli Deo Gloria Publication, Reprinted 1990)
- *Thomas Boston, *Complete Works of Thomas Boston(1853 edition)*(Richard Owen Roberts Publishers, Reprinted 1980)
- *John Bunyan, *The Works of John Bunyan Vol.1 (1854 edition)*(The Banner of Truth Trust, Reprinted 1991)
- John Calvin, *Golden Booklet of the True Christian Life*(Baker Book House, Reprinted 1987)
- John Colquhoun, *Repentance(1826)*(The Banner of Truth Trust, Reprinted 1965) 「참된 회개」 지평서원 간
- Jonathan Edwards, *The Religious Affections(1746)* (The Banner of Truth Trust, Reprinted 1994)
  「신앙과 정서」 지평서원 간
- J.C. Ryle, *Old Paths(1878)*(The Banner of Truth Trust, Reprinted 1999)

- *Thomas Shepard, *The sincere Convert & The Sound Believer(1853 edition)*(Soli Deo Gloria Publication, Reprinted 1991)
- *Richard Sibbes, *Works of Richard Sibbes* (The Banner of Truth Trust, Reprinted 1979)
- *Thomas Watson, *The Duty of Self-Denial(1675)* (Soli Deo Gloria Publication, Reprinted 1996)
- *Thomas Watson, *The Doctrine of Repentance (1668)* (The Banner of Truth Trust, Reprinted 1994)

5장

- Robert Candlish, *A Commentary on 1 John(1870)* (The Banner of Truth Trust, Reprinted 1993)
- *Ralph Venning, *Learning in Christ's School(1675)* (The Banner of Truth Trust, Reprinted 1999)

6장

- John M. Brentnall, *Just A Talker: Saying of John Duncan*(The Banner of Truth Trust, 1997)
- John Calvin, *Commentary on the Gospel according to John*(Baker Book House, Reprint 1993)
- John Duncan, *Colloquia Peripatetica*(Oliphant, Anderson & Ferrier, 1907)
- David Hall, *Windows on Westminster*(Great Commission Publications, 1993)
- Jonathan Edwards, *The Works of Jonathan Edwards Vol.2: 596-603.(1834)*(The Banner of Truth Trust, Reprinted 1995)
- Charles Hodge, *A Commentary on the Confession of Faith*(Presbyterian Board of Publication, 1869)
- *Ezekiel Hopkins, *The Works of Ezekiel Hopkins Vol.2*(The Leighton Publications, 1867)
- *John Owen, *The Works of John Owen Vol.10,11* (The Banner of Truth Trust, Reprinted 1988)
- G.I. Williamson, 『웨스트민스터 신앙고백서 강해』 (나용화 역, 개혁주의 신행협회 간, 1989)

김홍만 리바이벌 시리즈 2
복음의 위선자를 깨워라

지은이 | 김홍만
펴낸곳 | 지평서원
펴낸이 | 박명규

펴낸날 | 2010년 2월 10일 초판
2013년 8월 23일 초판 2쇄

서울 강남구 역삼동 684-26 지평빌딩 135-916
☎ 538-9640,1 Fax. 538-9642
등 록 | 1978. 3. 22. 제 1-129

값 5,500원
ISBN 978-89-86681-99-4-94230
ISBN 978-89-86681-93-2 (세트)

메일주소 jipyung@jpbook.kr 홈페이지 www.jpbook.kr
페이스북 www.facebook.com/jipyung 트위터 @_jipyung